# 洛克菲勒写给儿子的38封信

朱晓平 编著 张海君 绘

海豚出版社
DOLPHIN BOOKS
CICG 中国国际传播集团

图书在版编目（CIP）数据

洛克菲勒写给儿子的38封信 / 朱晓平编著 ; 张海君
绘. -- 北京 : 海豚出版社, 2024. 8. -- ISBN 978-7
-5110-7006-7

Ⅰ. K837.125.38-49

中国国家版本馆 CIP 数据核字第 20241KJ788 号


出 版 人：王　磊

策　　　划：刘慧滢
责任编辑：刘　韬
装帧设计：李　荣
责任印制：于浩杰　蔡　丽
法律顾问：中咨律师事务所　殷斌律师
出　　　版：海豚出版社
地　　　址：北京市西城区百万庄大街 24 号
邮　　　编：100037
电　　　话：010-68996147（总编室）　010-68325006（销售）
传　　　真：010-68996147
印　　　刷：德富泰（唐山）印务有限公司
经　　　销：全国新华书店及各大网络书店
开　　　本：1/16（710mm×1000mm）
印　　　张：10
字　　　数：130千
版　　　次：2024 年 8 月第 1 版　2024 年 8 月第 1 次印刷
标准书号：ISBN 978-7-5110-7006-7
定　　　价：59.00 元

作为世界经济史上的风云人物，洛克菲勒当之无愧为美国历史上有名的富人之一，同时也是全球第一个亿万富翁，他一手缔造了美孚石油公司，后又以出色的经济头脑兼并了美国的石油工业，成为名副其实的"石油大王"。

纵观洛克菲勒的发家史，我们会发现：洛克菲勒之所以能成为一代商业传奇，一方面得益于时代大环境所给予的发展契机，另一方面则得益于洛克菲勒自身的努力。洛克菲勒是一位极富经济头脑的实干家，当时代的洪流滚滚涌来时，他以敢为人先的魄力积极把握每个发展机会，同时又以长远的目光审视发展方向，及时规避潜在的风险……这也是他走向成功的重要秘诀，更是他的后人与家族长久发展的主要原因。

正如老话"富不过三代"所说的那样，古今中外曾涌现过许多富商巨贾，但真正能一代代延续财富的富翁家族却屈指可数。但是，由洛克菲勒开创的家族财富并没有因为他的离世而衰败，相反，洛克菲勒的后代乃至整个洛克菲勒家族在继承洛克菲勒建立的商业帝国的基础上，还进一步扩大了他们的家族财富和家族影响力。

之所以会出现这种情况，与洛克菲勒对后代的影响与教导密不可分。这一点，我们可以从洛克菲勒写给儿子的 38 封信中有所体会。要知道，洛克菲勒的这 38 封信不仅包含了他对儿子的关爱，更饱含了他对儿子人生成长的耐心忠告，内容涉及学习、品德、人际往来、个人生活以及事业发展等。如果我们细细品读洛克菲勒的 38 封信，就会发现其中的人生忠告对当代青年依然颇有启发。

正因如此，我们特意编写了《洛克菲勒写给儿子的 38 封信》这本书。本书精选洛克菲勒写给儿子的若干人生忠告，以图文并茂的方式进行全新阐释，力求让读者近距离感受一代传奇富翁的人生智慧，由此获得适合自己的成长能量！

# 目录

　　《洛克菲勒写给儿子的 38 封信》涵盖了洛克菲勒一生的思想精华，其中不但有父亲对孩子的深切期望和务实指导，也展现了洛克菲勒的管理才能和财富理念。这些写于不同时期的书信将成为那些追求成功的人的灯塔，照亮他们通往美好未来的道路。

# 吃苦和毅力是成功的必要条件

## 洛克菲勒格言

1. 用自己的双脚走过一条充满艰辛、不幸、失败和挫折的困难之路，不仅能培养我们坚韧不拔的毅力，还能锻炼我们办成大事所需的实行能力。

2. 只有通过辛勤努力才能获得真正永恒的东西，只有承受苦难才能奠定事业的基础。

3. 绝佳的机会不会主动降临，只有通过努力工作才能抓住它。

经典原文

**家信 1**

　　那么，实行的能力来自何处呢？我个人的观点是，它就潜藏在每一次艰难困苦的经历中。根据我的经验，用自己的双脚走过一条充满艰辛、不幸、失败和挫折的困难之路，不仅能培养我们坚韧不拔的毅力，还能锻炼我们办成大事所需的实行能力。只有那些在困难中努力攀爬向上的人才懂得如何竭尽全力去寻找解决问题的方法和手段，最终拯救自己。我崇尚的成功信念之一就是：尽一切努力去承担痛苦。

　　……

　　人生在世本来就是短暂的，很多事情都是转瞬即逝的。看看那些一夜成名或暴富的人，他们能有多快崛起，就有多快消失。一切都只是虚幻的，只有通过辛勤努力才能获得真正永恒的东西，只有承受苦难才能奠定事业的基础。没有这个坚实的基础，你的事业和人生就像是流沙中的建筑，随时都有可能消失。

——1890 年 10 月 9 日

**家信 2**

　　世界上没有什么可以替代毅力。才干不可以，怀才不遇的人到处都是，一事无成的天才也很常见；教育也不可以，世界上充满了学而无用的人。只有毅力和决心才是无所不能的。当我们继续攀登高峰时，我们必须记住：

　　我们在每一级台阶上停留足够长的时间和次数，但这不是为了休息，而是为了有机会踏上更高一级的台阶。在途中可能会

感到疲倦和失望，只有再次战斗才能取得胜利。当遇到困难时，我们需要再次战斗。每个人都蕴含着无限的潜力，我们要了解它的所在并坚持利用，否则它将毫无价值。绝佳的机会不会主动降临，只有通过努力工作才能抓住它。

毅力和努力都很重要。每次的否定回答都让我们更接近正确的答案。"黎明之前总是最黑暗的"，这不是一句口头禅，只有通过努力工作，我们才能等到成功的到来。

——1909 年 2 月 12 日

**智慧时刻**

　　人生不如意事十之八九，无论什么时候，我们都要心怀梦想，成功往往会青睐那些看上去有点儿愚钝的人。有人肯定会问："为什么成功者不是那些看上去特别聪慧的人，反而是那些看上去有点儿愚钝的人？"对此，我们要相信，他们之所以会取得成功，是因为他们始终有不抛弃、不放弃的决心和毅力。正是凭借这一点，他们才一往无前。在遇到困难时，他们不是轻言放弃，而是想尽办法解决困难。逆水行舟，不进则退，他们正是秉承这一理念才持续向前，并最终得偿所愿。

**故事在线**

　　小洛克菲勒投资失败了，这一次亏损的数额比较大。为此，他的情绪一直很低落，他觉得自己不太适合经商。洛克菲勒听说以后，立刻写信安慰他，希望他能振作起来。在信中，洛克菲勒用自己的失败经历，激励小洛克菲勒勇敢地站起来。

　　洛克菲勒刚下海经商时，志得意满，准备大展拳脚，谁知却经历了一场巨大的浩劫。那时，他与客户签下一笔大豆订单，只等大豆卖出，就可以赢利。谁知，突如其来的一场霜冻，损坏了将近一半的豆子。有些供货商为了减少自己的损失，竟然在大豆中加了很多豆叶和泥土。这给洛克菲勒带来了很严重的损失。但洛克菲勒并没有像其他人那样哀叹命运不公，也没有垂头丧气，而是乐观应对。他当即做出决定，无论如何，都要将这笔生意继续做下去。于是，他在报纸上大量投放广告，宣称可以支付预付款。就这样，他们收购了大量大豆，

成功度过了危机。

　　洛克菲勒创业路上的挫折不止这些，他还经历过工资不够发放、工厂被一场大火烧毁等危机。可是，不管什么挫折都没有打倒他，他依然选择前行。不管遇到什么问题，他都能泰然自若地应对，不断地寻找解决办法。他在不断的挫折和失败中坚持不懈，最终成为一代富豪。他的经历让我们感慨万千，也带给我们不少成功的启迪。

　　没有人不想让自己的人生顺风顺水，可是世事大多不会尽如人意。如果因为担心遇到失败就畏首畏尾，不采取行动，那么你的人生就会陷入停滞，甚至是后退的状态。长此以往，你会错失很多机会。

对于每个人来说，机会都是均等的，关键就看你能不能抓住。有的人抓住机会，从此平步青云，走向人生巅峰；有的人却与机会擦身而过，穷困潦倒地度过一生。所以，当机会降临时，千万不要犹豫，一定要牢牢抓住。

"万事开头难"，但是只要你迈出第一步，并持续付出努力，你就一定会有所收获。在这个过程中，你会不可避免地遇到挫折和困难。社会本就是一个适者生存的生态圈，要想不被淘汰，你就要抓住每一个可能的机会。那些善于抓住机

会，并懂得利用机会为自己创造价值的人，往往能获得最大的利益。你要调整自己的心态，鼓励自己：如果一定有人会赢，为什么那个人不能是我？

如果你因为害怕失败而停止了前行的脚步，那么机会必定不会垂青于你，你只会离成功越来越远。如果你没有抓住当下的机会，很可能会被竞争对手淘汰。所以，哪怕暂时遇到失败，你也不要气馁，而是要相信，今天的失败是为明天的成功做铺垫的。只要你坚持下去，成功必定会属于你。

## 洛克菲勒的出身

1839 年 7 月 8 日，约翰·洛克菲勒出生于纽约州哈德逊河畔的一个小镇里。他的家境并不好，父亲长年奔走在外，人称"大个子比尔"，是个到处闯荡的木材商、马贩子，也是个混江湖的巫医，兜售所谓"立见奇效，包治百病"的"灵丹妙药"，并没有给约翰·洛克菲勒树立什么成功的榜样。不过，他倒是教会了约翰·洛克菲勒讲求实际的经商之道。约翰·洛克菲勒先是学着父亲经商的样子，自己独立做生意，之后一步步改进自己的经营思路，不断把生意做大、做强。他的母亲勤快、节俭、朴实，对儿女们家教严格。身为长子的约翰·洛克菲勒从母亲那里学到了精打细算、勤俭节约、坚守信用和一丝不苟的品质，这对他日后的成功产生了极大的影响。

# 成功了一半

数学竞赛即将开始，涛涛表现得信心满满……

# 态度是我们的伙伴，也是我们的敌人

1.态度是我们思想和精神的综合体现，它决定了我们的选择和行为，也决定了最终的结果。因此，态度是我们最好的伙伴，也是我们最难征服的敌人。

2.在人生的海洋中，我们无法控制风向，却可以掌控自己的风帆，即我们的人生态度。当你选择重视自己的态度时，那些贬低自己、消磨意志、腐蚀心灵的想法都会逐渐消失。

3.更重要的是，辛勤工作的最高奖赏不在于我们得到了什么，而在于我们因此取得了什么成就。

经典原文

## 家信3

　　然而，这个世界并没有那么多伟大的人物，很多伟大的目标还没实现就失败了，这是为什么呢？为什么这些本应该实现的目标都化为乌有了呢？为什么许多人的梦想都破灭了呢？我认为，原因就在于态度。态度是我们思想和精神的综合体现，它决定了我们的选择和行为，也决定了最终的结果。因此，态度是我们最好的伙伴，也是我们最难征服的敌人。

　　在人生的海洋中，我们无法控制风向，却可以掌控自己的风帆，即我们的人生态度。当你选择重视自己的态度时，那些贬低自己、消磨意志、腐蚀心灵的想法都会逐渐消失。当你清理掉这种腐臭思想的死水后，新鲜的思想源泉就会迅速注入你的内心湖泊，从而使你的生活变得更加明亮，你的思维和行动方式也会发生积极的转变。你的自信心会得到提升，你的人生态度会更加积极，你面对一切的态度都是："我能够做到！"

——1897 年 7 月 19 日

## 家信4

　　第一份工作的经历让我刻骨铭心，你知道，我的第一份工作是个微不足道的簿记员。当时，我每天天不亮就要起床去工作，办公室里的灯又很昏暗。但我从不觉得工作乏味，反而对其充满了兴趣。我对办公室里的一切都乐此不疲，所以老板就不断给我加薪。

　　孩子，你要明白，工资收入只是你从工作中获得的额外回

报，只要你做好本职工作，将来一定会获得理想的薪资。更重要的是，辛勤工作的最高奖赏不在于我们得到了什么，而在于我们因此取得了什么成就。那些机智、灵活的人努力工作不仅仅是为了工作带来的报酬，更是因为他们追求一种超越财务目标的事业理念，他们内心绽放着迷人的事业之花。

——1897 年 11 月 9 日

**智慧时刻**

　　看待事物的态度以及做事情时的情绪，极大地影响着我们做事的速度和质量。如果抱着积极向上的态度面对一件事，做起事来充满热情，那么我们肯定能够既快速又高质量地把事情完成。相反，如果用冷漠、被动和厌恶的态度面对一件事，那么完成事情的速度及完成质量必然会大幅降低，也会影响我们的情绪。切记：你所付出的努力决定了你未来的样子，流过的汗水会铭记着你取得的成功，你的态度则直接影响着每件事的结果。

**故事在线**

　　洛克菲勒之所以能从一个普通的簿记员成长为石油大亨，其中很大一部分原因是他有很好的工作态度。他曾经对儿子说："态度是我们的伙伴，也是我们的敌人。"我们的态度决定了工作和生活是否会进入正向循环，也决定了我们的工作和人生能否获得比较好的结果，更决定了我们的情绪会向哪个方向发展。

　　为了表明态度的重要性，洛克菲勒还给儿子讲了这样一个故事：三个石匠同时进行着同一项工作，都在石头上雕刻着什么。有人向他们问了同一个问题："请问你在做什么？"三个人给出了截然不同的答案。

　　第一个石匠头也不抬，一边辛苦地雕刻，一边极其不耐烦地说："你这不是明知故问吗？我正在雕刻坚硬无比的石头，从早上到现在我已经忙活大半天了，真是累死我了！等我把这一块凿完，我就可以回家休息了，这一天终于过去了，太难熬了！"这样的人将工作看作

是对他们的折磨，如果要他们评价自己的工作，他们一定会说："辛苦，真是太辛苦了！如果有下辈子，我坚决不会干这份工作。"

第二个石匠态度稍好一点儿，但也没有停下手里的劳作，自顾自地说："我正在雕刻一座雕像，虽然过程很辛苦，不过所幸它给我带来了丰厚的回报，让我不至于为吃穿发愁，还可以养活我的家人。要知道，我们全家就指望我这份工作养家糊口呢！"这样的人觉得工作是一种必须完成的任务，他们会用维持生计来评价自己的工作。

终于轮到第三个人发表自己的见解了，他一脸兴奋地放下手里的工具，之后拍拍自己的胸脯，自豪地回答道："朋友，我现在正式向你

介绍我的工作，我是一名雕刻师，一件伟大的艺术品即将在我手中问世。我非常喜欢这份工作，它带给我的意义是其他任何事情都比拟不了的。"这样的人觉得工作会带给他们满满的成就感，他们沉浸在工作中，从中获得了极大的快乐和价值。他们会这样评价自己的工作："这份工作非常有价值。"

通过这个故事，洛克菲勒想让儿子明白这样一个道理：不管是天堂还是地狱，你自身的选择都是决定性因素，结果由你的手创造出来，你想要得到什么样的结果，全在于你选择怎么做。不管你从事什么样的工作，只要你在它身上倾注了心血、赋予其价值，那么，你就会觉得这份工作是有意义的，是值得你为之付出努力的。可是，假如你像故事中的第一个人和第二个人一样，认为工作是不得不完成的任务，甚至是一种

折磨的话，那么即使再有意义的工作，在你眼里也会变得索然无味、困难重重。你就会消极怠工，只想着赶快完成了事。反过来，你越是在工作中叫苦叫累，它就真的会让你越来越累。如果你停止抱怨，就会发现工作其实很有意思。总而言之，不管别人如何评价这份工作，你都要尽可能爱上你的工作。

## 洛克菲勒与慈善事业

洛克菲勒退休之后，把自己的重心放在了慈善事业上，尤其是教育和医疗领域。1897 年，他结束了对标准石油的直接管理。后来，他成立了洛克菲勒研究所，资助了很多项目，比如抗生素的研究等。

在教育方面，洛克菲勒拿出了大量的资金修建学校，帮助黑人提高受教育水平。

1884 年，他给一所黑人女子大学，也就是后来的斯贝尔曼学院提供了大量资金，这所学校中的洛克菲勒大厅就是以他的名字命名的。同时，他也是丹尼森大学的出资方。

1902 年，他创立了通才教育董事会，以达到推进教育，尤其是推进对南方黑人教育的目的。1910 年，洛克菲勒资助的"弗莱克斯纳报告"计划在美国医药进程中有决定性的作用。

# 态度问题

爸爸看着涛涛的测试题，有些疑惑……

# 命运的方向取决于行动

1. 在这个世界上，穷富和成败的世袭从来不存在，只要你努力奋斗，你就能够获得成功。

2. 我坚信，命运掌握在我们自己手中，决定我们命运的是我们的行动，而不是我们的出身。

3. 世界上没有一劳永逸的事情，也不能买到百分之百的保险。只有通过行动，才能将我们的想法变为现实。

18

经典原文

**家信5**

　　设想一下，我们所处的世界是一座巍峨的山峰，如果你的父母居住在山峰之上，那你肯定不会出生在山谷；如果你的父母居住在山谷之中，那你也绝不可能出生在山峰之上。实际上，在绝大多数情况下，你父母所处的位置决定了你生活的基础。

　　但需要明白的是，这并不意味着生活起点不同的人，其人生结果也会永远固定。要记住，在这个世界上，穷富和成败的世袭从来不存在，只要你努力奋斗，你就能够获得成功。这是我成功的经验。我坚信，命运掌握在我们自己手中，决定我们命运的是我们的行动，而不是我们的出身。

——1897 年 7 月 20 日

**家信6**

　　众所周知，人生的意义在于智慧和知识，没有智慧和知识的人生是空洞的。然而令人沮丧的是，仅仅拥有智慧和知识而没有行动也没什么用处。只有将行动和智慧相结合，将智慧体现在行动中，才有可能实现一切。然而，事物总是有两面性的，行动也需要适度调控。对于个人的行动和智慧来说，我们不能毫无节制地使用自己的智慧为行动做准备，因为即使再周密、细致的计划也无法预料到最终的结果。如果推迟实际行动，最终只会白白浪费时间。同样地，贸然行动而没有周密的行动计划也无法达到预期的目的。

　　当然，我承认计划方案是很重要的，要想获得理想的结果，

就必须有周密、细致的计划。然而，如果一个计划方案没有付诸实践，即使再好的计划也是无济于事的，行动的重要性无法被替代。这就像打高尔夫球一样，如果我们没有打过第一洞，又怎么能打第二洞呢？计划会影响结果，但行动决定了结果。没有行动，只是空谈计划，一切都将无果而终。世界上没有一劳永逸的事情，也不能买到百分之百的保险。只有通过行动，才能将我们的想法变为现实。

——1897 年 12 月 24 日

**智慧时刻**

　　一个人的出身决定了他的起点，但并不能决定他的终点。真正能够决定人生终点的是我们的行动。不管出身如何，只要肯行动，都有成功的机会。最可怕的是既不想采取行动，又不甘于现状，深陷于自我哀叹中无法自拔。命运的方向掌握在我们自己手中，只要我们愿意做出调整和转变，积极采取行动，就可以主宰自己的未来。如果希望扭转局面，开创新的生活，不但要充满信心，具有主动积极的姿态，还要有实际行动。

**故事在线**

　　洛克菲勒出生在一个贫困家庭，他小时候喜欢逃学。但他有一个过人之处，就是有着很强的行动力。有一天，他在街上捡了一辆破玩具车，就兴奋地拿回家进行修理。修好之后，他将玩具车带到了学校，同学们只要付给他 0.5 美分，就可以玩这辆玩具车。在短短一个星期内，他就赚到了买一辆新玩具车的钱。

　　老师知道这件事后，曾经评价说："可怜的孩子，如果你出生在富人家庭，一定可以成为一名成功的商人。但是你运气不好，生在了贫民窟。以你的家庭背景来说，能成为一个地摊小商贩已经很走运了。"

　　然而，让这位老师出乎意料的是，这个孩子在几十年后居然会成为世界首富。

　　长大后的洛克菲勒依然具有很强的行动力。1868 年，他和湖岸铁路公司达成运费折扣交易。次年，由于行业衰退，他的财产遭受了损失。不过他并没有为此抱怨，而是马上采取行动，对经济环境进行了

深入的研究，想要看看有什么赚钱的好机会。为了改变炼油行业衰退的现状，他制订了一个周全的计划。

洛克菲勒把1869年和1870年视为自己在石油界推动"由竞争转为合作"的关键时期。他认为，炼油行业的过度扩张带来了毁灭性的竞争，引发了行业的衰退。想要在这一行业获得更多的利润并保持发展势头，就要设立一些规则进行指引。由于缺少先例可供参考，所以确定规则的人必须亲自进行探索和研究。洛克菲勒构思了一个超大型

垄断集团的规划，其目的在于削减行业过剩的生产力，支撑油品市场的价格以及调整全部的石油产业结构。事实上，早在南北战争时，一些采油商人就已经开始实行这一理念了。为了达到控制生产和抬高价格的目的，他们组成了"油溪同盟"。1869 年 2 月 1 日，他们在石油城又集会了一次，成立了一个名为"石油生产商联盟"的团体来维护自己的权利。

之后，洛克菲勒便迅速采取行动。经过深思熟虑后，他决定向选定的一些外人售出公司所持有的股票，目的是通过把各个不同的企业组合在一起创建一个新的企业。不过，当时的法律虽然容许两家公司

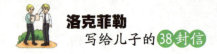
合并，但还有一个条件，那便是这类公司在不涉及此次合并的领域不得持有任何财产。洛克菲勒为此十分烦恼，最终他决定解散原先的洛克菲勒－安德鲁斯－弗拉格勒公司，创立一家新的股份制企业——标准石油公司。该公司在创办之初便投入了100万美元（约合今天的1100万美元），因而很快就确立了在商业圈不可撼动的重要地位。于是，标准石油公司就掌控了美国炼油业10%的市场。此外，他还有一家制桶厂和庞大的物流体系（包括油槽车及储备仓），以及遍布各地的加油站和销售网点。就这样，洛克菲勒凭着过人的行动力，成了石油行业的巨头。

## 洛克菲勒与2500万美元

有一天，洛克菲勒到郊外散步，发现一块地皮不错，就找到了地皮的主人，表示自己愿意花钱买下这块地。地皮的主人还以为他在说笑，也没太在意这件事。随后，洛克菲勒告诉他，自己愿意出10万美元。地皮的主人听到这个数字，觉得有些难以置信。当洛克菲勒掏出10万美元放到他面前时，他很兴奋，还在心里嘲笑洛克菲勒："出这么多钱买这么偏远的地段，简直是傻子。"

然而，一年后，因为市政府宣布要在郊外建造环城公路，那块地皮增值了150倍。这时，一位富翁想花2000万美元买下那块地皮。但洛克菲勒一口拒绝了富翁。三年后，洛克菲勒以2500万美元的高价将那块地皮卖了出去。

# 决定与行动

这天，涛涛决定考一考小胖……

# 幸运女神眷顾勇者

1.幸运女神总是眷顾勇者，这是我终身信奉的一句箴言。胜利可能不只属于强大的人，勇敢自信、充满活力的大胆者也有可能获胜。

2.因此，成功的人常常是勇者，而勇者也常常会成为成功的人。看看那些明智的领袖、勇敢的将军、果断的总裁和自信的指挥官，几乎都是自信和勇敢的人。

3.在工作和生活中，聪明的人总是会思考如果获得成功或达到辉煌时会采取哪些行动，而不是考虑如果失败时会如何应对。

 经典原文

**家信 7**

孩子，你要记住，幸运女神总是眷顾勇者，这是我终身信奉的一句箴言。胜利可能不只属于强大的人，勇敢自信、充满活力的大胆者也有可能获胜。当然，我也不能否认，有些人认为谨慎比勇敢更好，他们的观点我也认同，但我相信勇敢自信的人比谨言慎行者更受人们欢迎和瞩目。

从我所见过的人来看，没有人会不欣赏自信和勇敢的人，至少在我认识的人中没有。每个人都真心喜欢自信和勇敢的人，希望我们的领袖也是这样的人。我们必须承认，正是因为他们有过人之处，我们才支持他们。因此，成功的人常常是勇者，而勇者也常常会成为成功的人。看看那些明智的领袖、勇敢的将军、果断的总裁和自信的指挥官，几乎都是自信和勇敢的人。此外，那些迅速获得晋升和好运的人也是这样的人。

——1898 年 10 月 7 日

**家信 8**

在我所认识或熟知的富人中，很少有凭借自己一点点积攒的财富创造巨额财富的人！大多数富人都是依靠借贷的方式致富的。这就像是进行一百元的买卖会比一元的买卖赚得更多一样，道理就是这么简单，可是那些胆小的人却总是不敢相信。

在工作和生活中，聪明的人总是会思考如果获得成功或达到辉煌时会采取哪些行动，而不是考虑如果失败时会如何应对。

......

　　我的一生中曾多次面临巨额债务，有时甚至不惜赌上一生的事业。在克利夫兰的时候，为了扩大自己的势力、增强实力，成为克利夫兰炼油界的领军人物，我一次又一次地冒险，不惜将自己的企业抵押给银行。然而，最终的结果是我成功做到了，并创下了令人震惊的成就。

——1899 年 4 月 18 日

**智慧时刻**

　　在学习和生活中，我们经常会遇到各种挑战和困难。这时，有些人会选择逃避，有些人则会选择勇敢面对。他们明白，只有经过不断的努力和拼搏，才能克服困难，获得成功。虽然这些勇者也可能会遭遇挫折和失败，但他们更容易受到幸运女神的眷顾。因为面对失败，勇者更容易重拾信心，更容易摆脱困境。

故事在线

洛克菲勒在收购莱玛油田以前，原油即将告罄的恐慌在石油界蔓延。有些人甚至提议让公司尽快退出石油行业，转而投资其他产业。他们甚至妄言，如果不退出石油行业，他们这艘大船将在大海中消失。洛克菲勒作为公司的领导人，他对大家说："大家不要灰心，相信我，我们一定可以找到新的油田，让这艘大船屹立不倒！"

正当他们为此发愁时，人们在俄亥俄州莱玛镇上挖出了石油，这个振奋人心的好消息很快传播开来。但是他们的喜悦并没有持续多久，因为莱玛镇的石油有难以消除的恶臭味，这让人们感到沮丧。可是洛克菲勒并不这么认为，他觉得莱玛油田隐藏着巨大的商机。于是，在公司董事会上，他向董事们宣称，他们一定要把握住这个千载难逢的好机会，将所有的钱都投入莱玛油田，打个翻身仗。

然而，一些胆小怕事者对此并不认同，他们觉得这样做太冒险了。洛克菲勒不想强人所难，于是他决定再等等。可是等待的时间太漫长了，他开始担心，如果一直找不到合适的油田，他们的炼油业将面临巨大的危机，只能依靠俄国的原油。到那时，俄国会趁机打压他们，甚至彻底摧毁他们，阻止他们进入欧洲市场。假如他们能够拿下莱玛油田，那么他们就不用再为没有原油而发愁了。想到这儿，洛克菲勒决定行动起来，不再等那些胆小怕事者回心转意了。

在接下来的董事会上，洛克菲勒再次提出了自己的观点。果不其然，他的提议再次遭到胆小怕事者的反对。短暂的沉默过后，洛克菲勒站了起来，严肃地说："你们的担心也不无道理，可是，我必须跟各位说明的是，如果不希望我们驾驶的这艘巨轮沉入海底，就必须拥有足够的原油，留给我们的时间已经不多了。如今莱玛油田已经蓄势待发，它将是我们最理想的

选择，因为它所出产的石油能为我们带来巨大的财富。所以，我想好了，我会用自己的资金投资，并承担两年的风险。如果这个项目成功了，公司将本金退给我。如果项目失败了，责任由我一人承担。"

在场的人听后都目瞪口呆，这无异于一场豪赌，而洛克菲勒甘愿赌上自己的全部身家。这时，最大的反对者普拉特先生被洛克菲勒孤注一掷的举动和真诚所打动，他目不转睛地看着洛克菲勒，一字一顿地对他说："约翰，我被你说动了，既然你觉得这笔投资是值得的，那么我们就大胆搏一次！既然你敢冒这个风险，那我也敢。"那一刻，他

31

们展现出无比的团结和强大的决心。

洛克菲勒的预测没错，他们果然获得了空前的成功。当他们在莱玛油田投入了大量资金以后，他们所取得的回报也是十分丰厚的。当时，他们已经掌控了全美洲最大的油田，开始进入正向循环。这一次的成功给他们带来了巨大的激励，他们在石油行业展开了大规模的收购行动，力度自然是空前的。

🏆 **延伸阅读**

## 洛克菲勒家族与联合国总部大楼

1945年10月，联合国正式成立。次年，第一届联合国大会在英国伦敦召开，决定将联合国总部设在美国纽约。当时他们面临的一个问题是，急需一个理想的地点来建设办公大楼。

他们想在纽约购入一块地，这需要一笔不小的资金。但现实情况是，许多成员国因为二战的破坏和战争带来的财政困难，根本拿不出钱来。

就在大家为此感到头疼的时候，洛克菲勒家族主动提出捐赠870万美元给联合国，以购买联合国总部用地。在买这块地时，小洛克菲勒还买下了周边的地皮。那时，许多人表示质疑，认为洛克菲勒家族简直疯了，竟做出这样疯狂的行为。

让很多人没想到的是，联合国大楼建成后，周边地区的地皮价格狂涨。由于洛克菲勒家族早就收购了紧邻联合国大楼的地，于是他们获得了源源不断的财富。这时，那些曾对洛克菲勒家族的捐赠行为表示质疑的人都佩服得五体投地。

# 成功的秘诀

这天，涛涛和爸爸聊起了天……

# 信念是金，成败是炉

1. 你要明白，在这个世界上，没有一条路会一直平坦，每个人都可能遭遇挫折和失败。

2. 我们作为普通人，当然也会遭遇失败。但与他人不同的是，我将失败视为上帝赐予的一杯烈酒，喝下去时苦涩难忍，回味时却是甘醇如蜜。

3. 坚定不移的信心能够让我们获得成功。

 经典原文

**家信 9**

　　我的好儿子，快点儿快乐起来吧！你要明白，在这个世界上，没有一条路会一直平坦，每个人都可能遭遇挫折和失败。我们并不是成功的亲戚，但恰恰是失败的邻居。正因为如此，这个世界上才充满了太多的失败者和无奈者。人们都在追逐着令人着迷的成功，甚至不惜耗尽自己的一生。然而，尽管如此，每个人还是避免不了失败。

　　我们作为普通人，当然也会遭遇失败。但与他人不同的是，我将失败视为上帝赐予的一杯烈酒，喝下去时苦涩难忍，回味时却是甘醇如蜜。儿子啊！最苦的东西往往也是最提神的，正如咖啡永远比白开水更能提神一样。

——1899 年 11 月 19 日

**家信 10**

　　你讲得很有道理，具备卓越才能的人确实可以利用他们的智慧创造不朽的奇迹。然而，在现实生活中，真正能够创造奇迹的杰出人才罕见，而无能平庸的人却比比皆是。不可忽视的是，每个人都追求成功的人生，都希望成为卓越的人，但是成功并不是那么容易获得的。

　　在忙忙碌碌的人群中，几乎没有人会承认自己不想成功。每个人都渴望拥有美好的事物，不愿意过着跟随他人、听从他人指挥的平庸生活。没有人愿意成为二流人物，也没有人愿意承认自己被迫成为二流人物。然而，为什么每个人都充满斗志，却仍有

平庸之人存在呢？难道他们缺乏才华和雄心壮志吗？不！儿子，事实并非如此。坚定不移的信心能够让我们获得成功。那些平庸的人并不是缺乏才华和雄心壮志，而是缺乏坚定不移的信念。

——1903 年 6 月 7 日

## 智慧时刻

　　每个人都渴望成功，但是成功的人毕竟是少数。探究大多数人失败的原因，很大一部分是因为信念不够坚定。信念的力量在于即使在逆境中也能助你启航；信念的魔力在于即使在运气不佳时也能鼓励你向前迈步；信念的伟大在于即使受到打击也能让你拥有崇高的理想。当一切陷入绝望时，信念就成了引领我们在茫茫黑夜走向光明之路的明灯。信念令我们拥有坚持的决心，去勇敢地寻找生命的意义和目的。同时，信念也可以让我们在最艰苦的环境中坚定不移地前行。

故事在线

　　当洛克菲勒还是一个年幼的孩子时，他就坚信自己总有一天会赚到 10 万美元，并且对自己说："我一定能够成功！"

　　在他找到第一份工作时，他在心里告诉全世界："看吧，一个名叫洛克菲勒的成功者即将崛起！"

　　凭着坚定的信念、卓越的观察力，洛克菲勒一直走在时代前沿，并勇于挑战现状。不管出现任何情况，他都能应对自如。

　　26 岁的洛克菲勒，俨然一副大商业家的样子。他和山姆·安德鲁斯创办的公司正走在高速发展的轨道上，公司的各项业务都稳步发展。可是，他并不满足于此，他们又雄心勃勃地创建了一家标准石油公司。通过不断扩大规模，他们很快在克利夫兰的炼油行业占据了主要地位。不仅如此，克利夫兰还一跃成为当时美国著名的炼油中心之一。

　　洛克菲勒手握两家炼油厂，虽然规模并不是首屈一指的，可是他制订了严格的规范和要求。这也正是他日后走向成功的秘诀所在。洛克菲勒深知，只有严格要求每一个步骤，不放过任何一个细节，成功才指日可待，否则一切都是空谈。他的严谨不仅表现在生产过程中，还表现在对公司的日常管理中。他深知，只有这两驾马车齐头并进，他的公司才不会在激烈的市场竞争中败下阵来。为此，他还专门雇用了一位名叫安布罗斯·麦格雷戈的工头。洛克菲勒之所以找到他，当然是有自己的考量。安布罗斯·麦格雷戈也是以严谨出名，他是技术专家出身，对待工作从来都是一丝不苟，不管把什么工作交给他，都可以完全放心。这样一个值得信赖的技术能手，很快就成为洛克菲勒的左膀右臂，帮他解决了很多难题。

　　洛克菲勒所在的炼油行业在当时被视为相对新兴的行业，可供借

鉴的经验不多。可是洛克菲勒完全不理会那些经验，他说自己不想被那些传统的东西束缚，他要放开手脚去干。因此，洛克菲勒一直走在开拓创新的道路上，这也为他赢得了不少成功的机会。一开始，他的油桶是从制桶厂购买的，这是一种白橡木油桶，造价在 2.5 美元左右。他觉得这个成本太高了，一直想要改进。为此，他引进了不少专家和技术力量，致力于研究如何有效控制成本。专家提出了两种改进措施：一是在技术上推陈出新；二是提高产量、扩大规模。两种措施他都采纳了。后来，他不再从外部采购油桶，他自己的工厂就可以生产，不

仅产量高，价格也更便宜，每个桶的成本不到1美
元，大大降低了成本。此外，为了进一步降低成本，
他还在窑里烘干木材，让木材变轻，这样运费就
随之下降了。

　　洛克菲勒不但在石油副产品市场取得了显著的
成果，在其他业务方面，他也不甘落后。他不仅出售煤
油，还出售石油醚、石蜡和凡士林等产品。这种"全面
开花"的经营方式让他在市场上遥遥领先，当市
场发生波动时，他的公司也能保持稳定。洛克
菲勒从来不惧怕任何竞争，他相信，只要坚

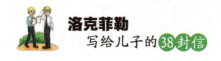

定地向前，一切问题都会有解决方案。

洛克菲勒正是凭借着坚定的信念，才在竞争激烈的市场上愈战愈勇，并取得了斐然的成绩。

## 拥有坚定信念的洛克菲勒

洛克菲勒的家境贫寒，父亲对家庭没有责任心。1855 年，因为家庭条件艰苦，16 岁的洛克菲勒被迫退学外出务工。

小时候的洛克菲勒沉默寡言，经常发呆，人们都觉得他难成气候。但他自己却从不这样认为，他对自己的未来一直怀有坚定的信念。年少的时候，他就展现出了惊人的商业头脑：曾用别人送的一对火鸡进行繁殖，最后成功卖出；12 岁的时候，他把自己的本金借出，靠收取利息挣钱；14 岁那年，他经常放学后到码头闲逛，借此机会看商人们做买卖。曾经有一次，他的一个同学问他长大以后想做什么，当时的洛克菲勒不假思索地说："我要变成一个拥有 10 万美金的人，我肯定会成功。"

# 信念的力量

涛涛的学习有了很大的进步，小胖来向他请教经验……

# 交易场的秘诀

1.换言之，利益就是人性的投影仪，在它的面前，无论你多么狡猾，都会原形毕露，什么伦理道德本质都会现形，只能裸露着人性的真实面目出现。

2.任何人要想很好地将一笔交易完成，最好、最有效的办法就是强调价值，要小聪明只会被别人耍得更惨，因为你聪明，别人也不笨。

3.没有谁不希望能够以最低的价格购买东西，但是，人们所希望的是，在最低价的情况下购买到最高价值的商品，所以在谈判中强调价值远比强调价格更重要。

经典原文

**家信 11**

孩子，你要知道，我们生活在这个世界上，多数人都无可避免地经受着一种特殊力量的驱使。这种力量不断地鞭策着我们，像陀螺一样不停地旋转，还会轻而易举地剥落我们的人性外衣，将我们袒露在光明之下，公正地圈定了我们的活动范围——纯洁世界或肮脏世界，让我们无以辩驳。即使我们是最有才的雄辩家，它也会让我们的话语显得苍白无力。这个巨大的力量就是我们的人性检验员——利益。换言之，利益就是人性的投影仪，在它的面前，无论你多么狡猾，都会原形毕露，什么伦理道德本质都会现形，只能裸露着人性的真实面目出现。也许你会觉得我的这番话有些太过绝对，但是我以自己的经历告诉你，不管我们多么不愿意相信，这都是一个真理。

——1899 年 11 月 29 日

**家信 12**

交易的真谛是交换价值，用他人想要的东西换取自己想要的东西。但是，有太多的"聪明绝顶之人"总把自己交易的目的看成捡便宜的机会，他们总是希望自己能够用最低的价格购买到自己最想要的东西。此外，他们也总以为自己是世界上最聪明的人，与其做交易的人都是笨蛋，殊不知谁也不会笨到将别人想要的东西低价出售。摩根先生这次就是出于这样的想法，他们给出的价格要比实际价值低过百万。倘若他只想同我们做这种只有利于他们一方的生意，那么他就打错了如意算盘。如果他这样继续

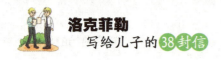

下去，只会让他失去登上美国钢铁行业第一把交椅的好机会。

　　任何人要想很好地将一笔交易完成，最好、最有效的办法就是强调价值，耍小聪明只会被别人耍得更惨，因为你聪明，别人也不笨。然而，多数人都会犯一个共同的错误，那就是在交易中只强调价格而不强调价值。你总是希望人们在向你推销东西时会对你说："这已经是最便宜的价格了，再也没有比这个价格更低的了。"是的，没有谁不希望能够以最低的价格购买东西，但是，人们所希望的是，在最低价的情况下购买到最高价值的商品，所以在谈判中强调价值远比强调价格更重要。

——1901 年 2 月 27 日

**智慧时刻**

利益是光照到人性后形成的影子，在我们的行为中，它发挥着重要作用。它引导我们追求财富和权势，也能唤醒我们的竞争意识和创新思维。但是，我们必须确定好利益的界限，不能任由它膨胀，而是应该在符合道德规范的前提下获取利益。只有合理地调配利益和道义两方面的因素，才可能达到全方位的发展目标，让人性、尊严能够持续彰显下去。

**故事在线**

洛克菲勒是世界闻名的企业家，就算是这样一位被外界赋予了光环的传奇人物，在商业版图的扩张上也并不是一帆风顺的。19世纪70年代，美国的炼油业急速发展，出现了产能过剩的情况，产能的过剩带来了激烈的价格竞争。洛克菲勒位于克利夫兰的炼油厂和那些本身就处于油区的炼油厂相比，仅仅运输费用这一项成本就大大地削弱了竞争优势，导致他的企业在价格战中明显处于不利地位。为了扭转局面，洛克菲勒想到了一个好办法：他想收购那些岌岌可危的小工厂，先壮大自己的实力，再与其他的炼油企业抗衡。事实上，他的想法也得到了很多小炼油厂主的支持，他收购了不少炼油厂，使这些厂主能够在这场商业战争中全身而退。然而，在商业竞争中，并不是所有的人都遵守契约精神，一部分炼油厂主在拿到洛克菲勒的收购金之后，转身便重新组建了一个新的炼油厂和他竞争，甚至威胁洛克菲勒再次收购他们的新工厂，这让洛克菲勒感到束手无策。但是，让他愤怒和伤心的并不仅仅是这些出尔反尔的炼油厂主，就连他的朋友里也出现

了这样的人，他们心口不一，表面真诚，内心却充满着算计。这让洛克菲勒也开始反思自己，他终于明白，商场如战场，没有永远的朋友，只有永远的利益。要想在商业竞争中生存下去，就要全副武装自己，寄希望于任何人都有可能会导致自己腹背受敌。很多人都说，真诚是必杀技，然而这只是人们的一种美好愿望。在竞争中，人们往往会为了个人利益的最大化选择欺骗和伪装。在保证自身利益的前提下，真诚绝对是一种美好的品格，反之，无条件的真诚可能会使自己陷入进退维谷的境地。在商业交易中，我们都知道一个词叫作等价交换，也就是价格和价值相当，这是交易能够进行下去的前提，但是在实际

生活中，每个人都希望利益的天平更加倾向自己。于是很多的"聪明人"便会使用一些伎俩，企图打破这种价格和价值的平衡。商业交易，虽然的确存在商业头脑和商业手段的博弈和较量，但最本质的还是价值的对等交换。所以，不要高估自己，也不要低估对手。

俗话说，"一分价钱一分货"，如果打破了这个规则，往往会出现一些令人不满的结果：要么是买家因为贪婪而最终失去获利的机会；要么是卖家为了维护自身利益以次充好，鱼目混珠。也许我们会因此在短期内获得一些利润，但是没有质量保证的商品最终会摧毁企业的信誉，无法让企业长远地发展，市场竞争也是一个大浪淘沙的过程。

如果一个企业没有过硬的产品、良好的信誉，最终会被市场淘汰。不遵守公平和诚信的原则，正常的商业生态便会被破坏。试问，雪崩的时候，又有哪一片雪花是无辜的呢？

## 洛克菲勒的第一家公司

1855年，洛克菲勒完成了中学学业后，为了谋生，他并没有继续读书，而是到克利夫兰找工作。他并不是漫无目的地找，而是将当地的知名企业列了一份清单，按照清单逐一去找。但是，他把清单上的公司都跑了一遍，也没有找到工作。他并没有灰心，而是决定再走一遍名单上的公司。最终，他进入一家公司做了一名簿记员。

19岁时，洛克菲勒辞去了原来的工作，他拿出自己积攒的800美元，又向父亲借了1000美元，与比他年长的克勒克合伙创办了一家公司，主要经营谷物和肉类。公司营业的第一年就为洛克菲勒带来了4000美元的利润，第二年，洛克菲勒又分到了6000美元的利润。

# 便宜没好货

晚上，爸爸拎了一兜菜回家……

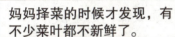

# 策划命运，掌控全局

1. 我坚信，一个人的成功不是依靠天命，而是依靠策划。策划是控制机遇到来的一种方式，更重要的是，策划通常能够成功影响运气。

2. 在做出完美决策之前，致力于寻找具有创造性且高效的多种可能性，考虑各种方案，并积极尝试各种选择，最终做出最好的选择，将所有重心都放在上面。

3. 当然，我不仅在选择目标和途径时有众多思路，而且在将想法付诸实践的过程中，也绝不会固执地按照之前定好的思路执行，而是继续采取开放的策略，适应形势，不断改进计划。

### 家信 13

对于平庸之人而言，机遇是与生俱来的命运，是不可人为操纵的天赐之物。他们从未考虑过由自己来策划自己的命运，每当看到别人平步青云、财源滚滚或者是声名鹊起时，他们会毫不犹豫地说："他的一切不过是运气好、得到神明的眷顾而已！"他们永远看不到真正能让他们成功的人生真谛——每个人都有能力成为自己命运的设计师，造物主赐予了每个人这样的权利。

坦率地说，一个人在这个世界上不能没有机遇，就像他不能没有金钱一样。然而，一个人的伟大事业不是等待机遇来临再去实现的。我坚信，一个人的成功不是依靠天命，而是依靠策划。策划是控制机遇到来的一种方式，更重要的是，策划通常能够成功影响运气。在这方面，我在石油行业尝试变竞争为合作的计划就是一个很好的例子。

——1900 年 1 月 20 日

### 家信 14

儿子，无论你做什么，都需要找到达到目标的最佳途径。要找到最佳途径，你需要拥有多种想法。通常我的做法是，在做出完美决策之前，致力于寻找具有创造性且高效的多种可能性，考虑各种方案，并积极尝试各种选择，最终做出最好的选择，将所有重心都放在上面。正因如此，我一直能抓住我想要的"大鱼"。

当然，我不仅在选择目标和途径时有众多思路，而且在将想法付诸实践的过程中，也绝不会固执地按照之前定好的思路执

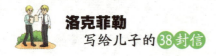
行，而是继续采取开放的策略，适应形势，不断改进计划。这样一来，即使实施计划进展不如预期，我也能沉着应对，并找到解决方法。

——1904 年 10 月 14 日

**智慧时刻**

　　尽管洛克菲勒明白好运会助力事业的发展，但他却不依赖运气。他能在石油行业脱颖而出，占据领导地位，主要得益于他的精心计划和高超战略。他知道自己的目标是什么，并且持之以恒地努力。不管面临什么样的复杂情况，他都能镇定自若，灵活应对。显而易见，他的成功离不开卓越的才能及稳定的心态。更为重要的是，他那与众不同的领导风范、策略构思及洞察世事的能力也为他的成功助力不少。

有的人才华卓越、天赋异禀。比如，老麦考密克先生，他可以化腐朽为神奇，将收割机变成财富的收割刀，自己创造机会。

老麦考密克先生具有出众的商业才能，而且野心勃勃，他立志要在商界搏出一片天地。他发明的收割机不仅解放了广大农民的双手，还让自己赚得盆满钵满。法国人更是夸赞他为"对世界做出最大贡献的人"。这位商界才子原本只是一个籍籍无名的农具商，可是他发挥自己的聪明才智，将命运牢牢掌握在自己手中。

洛克菲勒原本只是一个不起眼的小人物，可是他相信自己的命运要由自己主宰。于是，他通过自己的努力，一跃成为世界首富。也许有人会问：他有什么成功秘诀？他为什么可以在商业界独树一帜？也许答案是多种多样的，但有一点是不可否认的，那就是，对于运气他有着自己的理解。

洛克菲勒曾说："人不能坐等机会的降临，要主动去引导机会、创造机会。"这句话带给人们的启迪是，机会并不是随机的、单靠等就能来的，也可以是人为创造的。也就是说，人们可以发挥自己的聪明才智，主动去创造机会，去规划自己想要的人生。

在洛克菲勒早些年的经历中，这一点体现得尤为突出。当他还只是一个普通的石油工人时，他每天重复着单调乏味的工作，四处巡查石油罐焊接情况和安全隐患。尽管这一工作毫无技术含量，可是，

洛克菲勒却在其中投入了百分百的努力，并通过深入思考，发现一个可以节约成本的地方。那就是，每次焊接工作都要滴39滴焊接剂，那么这个剂量能不能减少呢？为此，他开始了大量的试验，并最终发明了"38滴型"焊接机。这一发明不但为公司减少了

支出，也为他带来了金钱上的回报。

　　洛克菲勒之所以能获得成功，就在于他细心观察生活，不放过生活中的任何一个小细节，并潜心思考，找到了其他人没发现的商机。而他只要发现了这样的机会，就会牢牢抓住，并最终实现自己的宏伟蓝图。

　　众所周知，如果只靠运气，是难以在商业竞争中大展宏图的，还需要人们付出持续不断的行动，并在行动的过程中不断提升自己的各项能力和素质。唯有如此，才能在激烈的商业竞争中立于不败之地。

洛克菲勒有这样一句名言："即便有一天，我赤手空拳来到沙漠，只要有一队驼队经过，我也能立刻在这里重振商业的辉煌。"不难看出，对于商业而言，洛克菲勒有自己独到的观点，让人不得不钦佩。

洛克菲勒觉得做生意是有方法、有规律的。一个成功的商人，必须有独到的观察力，可以发现时下的赚钱之道。因此，他的成功有一些必然因素，那就是为之付出了足够多的努力。他用自己的经历告诉人们，一定要学会"创造机会"。

## 洛克菲勒与丝绸

年轻时的洛克菲勒经常去港口的地下酒吧喝酒。一天，他喝醉了，准备回家。经过吧台时，他听到几名日本人和服务员在聊天时提到了丝绸。于是，他找到一名服务员问清事情的来龙去脉，这才知道，这些人是海员，他们运输了一批丝绸，数量高达一吨，但是在船舶运输的过程中，丝绸被染料污染，无法卖出，日本人正在发愁如何处理这些被染的丝绸。洛克菲勒听后，立即意识到自己的机会来了。

第二天，洛克菲勒来到船上，对船长说："我可以帮你处理这些被染的丝绸。"船长一听很高兴，就把这些丝绸免费送给了他，毕竟处理它们要花不少钱。就这样，洛克菲勒没花钱就拥有了这些被染料染过的丝绸。然后，他用这些丝绸做成花纹独特的衣服、帽子等出售，赚到了10万美元。

# 命运"掌握在自己手中"

下午放学后，涛涛兴奋地回了家……

57

# 用头脑打败对手

1. 任何不正当的行为和思想都不是企业的可靠策略，它们只会破坏整体大局。

2. 我们应该以正道行事，遵守规矩，因为遵循规矩可以帮助我们建立可靠的关系，从而给我们带来持久的好处。

3. 传统的保守思想是我们创造性计划的最大障碍，它会使我们的心灵冻结，阻碍我们发展真正需要的创造力。

经典原文

**家信 15**

不良的思想和违背道德甚至法律的做法都极其危险，不论是对个人还是社会。即使是小的行为也可能导致失去尊严，更严重的则会引发牢狱之灾。谎言总有被揭穿的一天，不道德的行为会被社会所唾弃。总有一天，谎言和不道德的行为会使人陷入深渊。任何不正当的行为和思想都不是企业的可靠策略，它们只会破坏整体大局。

阻止他人成功，最终自己也会陷入困境。我们应该以正道行事，遵守规矩，因为遵循规矩可以帮助我们建立可靠的关系，从而给我们带来持久的好处。在事业上，一个好的交易往往会创造更多的机会，如果我们提供给别人糟糕的交易，就是在自毁前程，最终会破坏我们的好运。

就我本身而言，在商场竞争中，我不会采用武力来应对竞争，而是用头脑打败对手。我追求光明磊落的胜利，要赢得彻底且体面。因此，我注定要用我的聪明才智来战胜本森先生。

——1901 年 2 月 19 日

**家信 16**

传统的保守思想是我们创造性计划的最大障碍，它会使我们的心灵冻结，阻碍我们发展真正需要的创造力。罗杰斯就是被这种传统的保守思想所束缚，如果他能够接受他自己的想法或他人提出的各种创新观点，也许他就能将那种"不可能""办不到"和"没有办法"的思维障碍逐一清除出头脑。要扩展自身的能力

并为其担负重任打好坚实的基础，他需要勇于尝试新的事物，具备敢于试验的精神。同时，他需要主动前进，抛弃原地踏步的想法。只有当他能够做到这些时，才能对其委以重任。

——1903年12月4日

## 智慧时刻

在人生的旅途上，我们难免会遇到挫折，如果我们一直沿用老方法、老思路，可能旧问题没有解决好，还会带来新问题。我们需要打破传统的束缚，拥有开创性思维，这样才能创造性地解决问题。到那时，你之前觉得不可能的事情，现在也有了解决的办法。你的思维已经迭代了，而你的对手还停留在原地，这时，胜出的必定是你。很多人在总结自己的成功经验时，都会提到自己是凭借智慧战胜对手。这是时代发展的必然，也是我们努力的方向。

故事在线

　　洛克菲勒曾说，拜伦·本森先生是为数不多的不畏惧他权威的商业奇才之一，他具有蓬勃的野心，打算在布拉德福德油田和威廉波斯特之间铺设一条输油管道。他是个行动派，不久，一条将宾夕法尼亚州东北部和西部连接起来的输油管道就开始大幅度向前推进。洛克菲勒的目光也随之被吸引，他感受到了强烈的危机感。他必须竭力阻止这场危机的到来，否则，他在纽约炼油业的霸主地位将不保，布拉德福德油田的控制权，他也必须拱手相让。眼下他要做的，就是叫停本森先生。

　　一开始，洛克菲勒采用了并不高明的计策。他将宾州州界的一块狭窄的土地收入囊中，企图阻止本森先生的铺设进程。谁知，本森先生却选择了绕道而行，这让洛克菲勒的如意算盘落了空。于是，他又开始实施第二个计策，他打算借助盟友们的力量，要求铁路公司严禁任何输油管道经过铁路，可是本森先生再次破解了他的计策。洛克菲勒心有不甘，决定让政府出面，阻止本森先生的行动，可是他再次失败了。

　　洛克菲勒这才意识到自己遇到了劲敌，可是他并没有因此打退堂鼓，而是更加坚定了要战胜对手的决心。他不想让自己辛苦建立起来的"石油王国"被摧毁。于是，他请求购买本森先生的股权，却惨遭

对方的拒绝。

本森先生的这一做法让洛克菲勒所在团队的众人都怒不可遏，奥戴先生更是扬言要对本森先生的输油管道动用武力，以让它的主人受到惩罚。洛克菲勒警告奥戴先生千万不要有此类想法，要赢就光明正大，而不是像现在这样做小动作，更何况他根本不会输给本森先生。

洛克菲勒始终坚信，要想打败竞争者，从来都是要动用脑力，而不是动用武力。所以，他打算用自己的智慧战胜本森先生。当本森先生正为自己的计划沾沾自喜时，洛克菲勒开始行动了，他准备打对方

一个措手不及。他先是向储油罐生产商下了大量的订单，要求他们必须保质保量地交货。这样一来，他们就没空理会其他客户了，比如本森先生。本森先生没有了储油罐，他开采出来的原油就难以运输，采油商们就会抱怨连连。与此同时，洛克菲勒又将石油管道运输的价格尽可能下调，这样他就可以轻松得到那些原本仰仗本森先生运输原油的炼油商们的青睐了。而在这之前，洛克菲勒已经收购了纽约的几家炼油厂，本森先生想要拉拢客户也没辙了。

　　作为一个卓越的领导者，洛克菲勒集中全力攻打的一定是整个战

线中最重要的碉堡，而不是那些和战略关系不大，甚至没有关系的碉堡。洛克菲勒瞄准了本森先生的痛点，并给予致命一击，让他失去还手之力。本森先生在被逼无奈的情况下，向洛克菲勒提出了和解。

在一场竞争中，只有你自身实力过硬，才能在遇到困难时迎难而上，打败对手。在这个过程中，保持清醒的头脑至关重要。

延伸阅读

## 小洛克菲勒叫板摩根

1901 年，27 岁的小洛克菲勒代替父亲与摩根交涉梅萨比矿区的生意。当小洛克菲勒进入摩根办公室时，傲慢的摩根故意冷落他，和别人说话，等助手通报后，他才漫不经心地扫了一眼小洛克菲勒，随后装腔作势地大声问："说吧，想要卖多少钱？"小洛克菲勒没有动怒，也不在意摩根咄咄逼人的态度，而是平静地回答："摩根先生，我觉得您误解了，我今天来您这儿并不是着急卖，反倒是您着急买吧！"摩根一听这话，顿时对他另眼相看，语气也变得委婉了。经过商谈，双方达成一致。在交涉过程中，小洛克菲勒紧紧抓住了摩根着急购买矿区这一关键点，直击要害，以事实说话，使对方认识到自己的处境。当然，他并没有被对手吓倒，反而令对方尊重自己，可见这是一次智慧的谈判。

# 两人三足游戏

学校举办亲子活动，涛涛也报了名……

# 面对侮辱，学会忍耐

1. 我们应该努力使蔑视我们的人尊重我们，而不是对他们的蔑视和侮辱念念不忘。

2. 如果你能够冷静地反思侮辱背后的含义，也许就会明白，侮辱正是用来衡量你能力的标尺。

3. 我们必须努力掌握控制情绪的能力，尽量在做出每个决定时不受情感支配，而是以实际情况为依据，根据自己的需求做出明智的决定。

**家信 17**

　　每个人都有权利获得掌声和赞美，掌声可能源自对我们成就的肯定，或者是对我们的美好品德和人格的赞扬。然而，我们也不能否认，每个人都可能遭受侮辱和蔑视。当遭遇不可避免的蔑视和侮辱时，除了忍受恶意和打击，我们还应思考更深层次的问题。我们之所以受到别人的蔑视，可能是我们的能力还未达到受到他人尊重的程度，或者可能是我们的行为不够好，又或者是我们的处事方式不佳。

　　因此，我们应该努力使蔑视我们的人尊重我们，而不是对他们的蔑视和侮辱念念不忘。儿子啊，我想告诉你的是，遭受侮辱并不完全是坏事。如果你能够冷静地反思侮辱背后的含义，也许就会明白，侮辱正是用来衡量你能力的标尺。

　　我知道，任何微小的侮辱都可能伤害一个人的尊严。但是孩子，你要知道，尊严不是别人给予的，也不是天赐的，是由你自己创造的。尊严只是一种由我们自己享受的精神财富。因此，如果有人伤害你的尊严，千万不要愤怒。只要坚持自己的尊严原则，就没有人能够轻易地伤害到你。

——1901 年 2 月 27 日

**家信 18**

　　儿子，想要在这个世界生存或者变得强大，我们就必须忍受许多人和事，因此，我们必须努力掌握控制情绪的能力，尽量在做出每个决定时不受情感支配，而是以实际情况为依据，根据自

己的需求做出明智的决定。要做到这一点，首先你必须明确自己到底想要什么。

孩子，你要明白，有很多机会并不是专门留给你的，而要争取每一个机会也并非易事。如果你真心想取得成功，就必须学会把握每一个经过你身边的机会，甚至设法争取别人的机会。

要记住，每天都要将忍耐系在你的领带上，每次低头都要想到它的存在，它是带给你快乐、机遇和成功的珍宝。

——1902 年 9 月 2 日

**智慧时刻**

　　蚕在蜕变成蛾之前，一直忍受着茧的束缚；蚌在孕育出珍珠之前，长期忍受着沙石的折磨；而我们在取得成功之前，也必定要忍受一些痛苦和折磨。有的人在受到侮辱时，当场就发作了，这是他们难以走向成功的原因之一；有的人在实力远不如对方时，会选择忍耐，不断提升自己，最终战胜对手。韩信能容忍胯下之辱，才成就了他日后的辉煌。要想登上成功的巅峰，我们就要做好忍耐的准备，该低头时则低头，放下身段，为自己争取更多的资源。

**故事在线**

　　洛克菲勒在刚刚创业的时候，和现在的很多创业者一样，都面临着资金短缺的问题。正在他因为资金问题一筹莫展的时候，他的合伙人克拉克的一位朋友加纳德提出想要加入他们的公司。加纳德是一位富豪，他的加入既能带来丰富的人脉，又能解决眼下的资金问题，这对于举步维艰的洛克菲勒来说无异于久旱逢甘霖。

　　然而，加纳德并不仅仅是单纯要投资，他还提出了一个要求——公司的名字从克拉克－洛克菲勒公司变更为克拉克－加纳德公司。洛克菲勒为公司付出了全部心血，公司名字中代表他的部分却要被后加入的合伙人取而代之，洛克菲勒对此感到非常愤怒，但是他并没有选择当场和合伙人撕破脸，甚至连一丝的不悦都没有显露出来。他明白，现在自己的实力并没有强大到可以直接和他们抗衡，撕破脸的后果便是公司易主，自己被踢出局，一无所有；接受提议的话自己还可以利

用加纳德的资金和人脉逐渐壮大自己的实力。权衡利弊之后，洛克菲勒故作镇静地告诉克拉克："这没什么。"虽然他表面上不动声色，内心却对自己说："洛克菲勒，你要控制住自己，保持平常心。眼下只是起跑线，接下来还有很长的路要走。"

公司更名、合伙人颐指气使，这些不仅没有让洛克菲勒萎靡不振，反而更激起了他的熊熊斗志。于是他更加勤奋、谦卑、努力地工作，积攒资金，拓展人脉。终于，在短短几年的时间里洛克菲勒便

　　打了一个漂亮的翻身仗，他跻身名流，不再是一个任人欺负的小人物了。于是，洛克菲勒开除了加德纳先生，而公司的名字又改成了克拉克－洛克菲勒公司。

　　面对侮辱，很多人都会选择当场发作，据理力争，但是现实世界都是靠实力说话的。当我们实力不足的时候，即使真的受到了侮辱也不要冲动地选择以卵击石，而要学会暂时忍耐，暂时的忍耐并不代表毫无作为，一味屈从，而是要我们把侮辱和愤怒当作一种鞭策和动力，不懈地朝着自己的目标迈进。

他人朝我扔泥巴，我用泥巴种莲花。面对侮辱，我们要学会按捺住心中的愤懑和不平，化悲痛为力量，努力做好当下的每一件小事，把侮辱当作是磨砺自己耐心和定力的一次机会。我们每个人在生活中都可能会遭受侮辱，选择暂时忍气吞声并不是真的认输。只有等自己变得强大以后，我们才能真正掌握话语权。

延伸阅读

## 懂得忍耐的洛克菲勒

16 岁时，洛克菲勒就离开学校，开始找工作。虽然他学历不高，也没有什么技术，但他一门心思想要找一份好工作，不去想那些小公司。最终，在碰壁了很多次后，他在一家经营谷物的商行找到了工作，当上了簿记员。在那里，他做着琐碎的工作，有时候还要替老板要债。为了讨债，他经常到欠债者门前等着，一等就是几个小时。通过不断的努力，他要回了不少钱。不过，老板给他的薪水很低，跟他付出的劳动并不成正比。但是他知道，眼下自己实力不强，还没有和老板叫板的资格，于是他选择了忍耐，继续拿着微薄的薪水，不断提升自己，等待着合适的机会到来。

# 忍　耐

下午放学后，涛涛气呼呼地回到了家……

儿子，你这是怎么了，被谁揍了？

下午小胖和我闹别扭，我们就打架了。

我不是告诉你要忍耐吗？你怎么还和同学打架？

爸爸，我按您说的做了，从 1 数到 50。

那你们怎么还打起来了呢？

因为小胖的妈妈教他数到 25 就动手。

# 选择好的合作伙伴

1. 在我做生意的第一天，我就清楚地知道，在任何地方、任何时间，只要是存在竞争的地方，合作是必然的。

2. 在这个充满竞争的世界中，为了生存或者让自己变得更加强大，你必须学会与人协作。

3. 你要时刻鞭策自己，与积极、乐观向上的人一同进步，在他们的思想影响下不断提高。

**家信 19**

　　我更愿意将事业成功的功劳归于以下三种支持力量：第一种力量是规规矩矩做事，这是让我伟业得以持续的关键；第二种力量来自竞争，这种残酷而毫不留情的竞争使我明白了自己需要不断进步，它是我努力追求完美的动力源泉；第三种力量来自合作，合作使我学到了知识，还能够从中获得好处和利益。

　　事实上，我之所以能够超过竞争对手，是因为我擅长合作。在我做生意的第一天，我就清楚地知道，在任何地方、任何时间，只要是存在竞争的地方，合作是必然的。没有人可以独自战胜一切，聪明的人通常会寻求许多合作伙伴，即使是与竞争对手合作也是可以的，这就是"借助他人的力量实现自己的目标"。在这个充满竞争的世界中，为了生存或者让自己变得更加强大，你必须学会与人协作。

——1901 年 5 月 16 日

**家信 20**

　　要取得成功，就必须学会避免陷入各种圈套和陷阱。无论在哪里，你都会遇到那些明知自己不行却要阻止你前进的人。许多人因为努力上进而被人嘲笑，甚至受到恐吓。有些人怀着妒忌之心，看到你努力，他们会尽力阻挠你，给你制造各种困难。虽然你无法阻止他人变成消极分子，但你可以不被消极思想所影响，防止降低自己的思维水平。你要学会让这些消极思想像风一样自

洛克菲勒
写给儿子的 38 封信

然地吹过，不受任何影响。你要时刻鞭策自己，与积极、乐观向
上的人一同进步，在他们的思想影响下不断提高。

——1902 年 5 月 11 日

### 智慧时刻

　　现代社会是一个充满竞争的社会，也是一个需要合作共赢的
社会。我们只有学会与他人合作，才能发挥出更大的力量，想出
更好的办法，取得更大的成功。现代社会，没有人能活成一座孤
岛。我们只有和他人合作，才能在困难来临之时，更有信心去战
胜它。美国哈佛大学心理学教授曾将合作列为成功的九大要素之

一，在他看来，不擅长与人合作是失败的首要因素。联合国前秘书长安南在总结自己的外交经验时曾说，不管将来从事什么样的工作，首先要学会的就是与人合作。

洛克菲勒在总结自己成功的秘诀时，提到了三点：一是规规矩矩做事，二是竞争，三是合作。而他最为看重的则是最后一条，他说："我可以打败其他竞争者，所凭借的一个重要法宝就是与人合作。"在过往的经历中，他与人合作的次数数不胜数。从一开始，他就深知，竞争与合作是相辅相成的，没有人能仅凭自己的力量获胜，聪明人通常都懂得与人合作。洛克菲勒正是选择了和摩根先生合作，才没有让竞争对手戴尔·卡耐基坐享其成。

在洛克菲勒看来，合作的终极目标并不是获胜，而是打击竞争对手，从而更迅速地接近自己的目标。需要注意的是合作并不等同于友谊，它只是一种利益方面的关系。当然，如果可以和合作伙伴建立深厚的友谊，那是再好不过的。就像洛克菲勒和亨利·弗拉格之间，两人不仅是合作关系，也是朋友关系。洛克菲勒从他身上不仅收获了投资，也收获了灵魂上的支持和精神上的契合。他们有着相同的梦想，那就是成为石油业的巨头。他们还有着相同的精神，既谦卑又极具野心。他们之所以能友谊长存、合作关系长存，是因为他们都明白"己所不欲，勿施于人"的道理。

在与他人合作时，洛克菲勒从来不会表现出一副高高在上的样子，他更愿意和对方心平气和地交谈。因为他深知，他们的合作关系

可能会因为他不当的态度戛然而止。

当然，如果遇到特别无礼的人，洛克菲勒也丝毫不会客气。范德比尔特先生因为家世优越，再加上立过战功，所以总是一副傲慢的样子，看不起合作伙伴，觉得他们就是给自己打工的人。

一天，亨利和范德比尔特先生洽谈运输事宜，谁知，他傲慢地对亨利说："小伙子，你也不估量一下自己的军阶，你有资格跟我谈运输的事情吗？"这让亨利感觉受到了冒犯，可他并没有当场发作，而是默默地转身走了。

亨利气愤地回到了办公室，洛克菲勒上前安慰道："亨利，不要跟这种人计较，总有一天，我会让他后悔今天所做的一切。"后来，他确

实找到了回击范德比尔特先生的机会。当时，范德比尔特先生迫切想要和洛克菲勒、亨利谈一笔生意，让二人去他的办公室。洛克菲勒却派他的一名职员去告诉范德比尔特先生，谈生意可以，可是洛克菲勒和亨利没空去他的办公室。最后，这位高高在上的先生只好低着头，来到洛克菲勒和亨利这两个年轻人的办公室，商谈全程任由两个年轻人提条件。那一刻，范德比尔特先生一定明白了一个道理：当你在走上坡路时，对于山坡下的人，态度一定要友善一点儿。只有这样，当你走下坡路时，才不会那么狼狈。

对于合作伙伴，洛克菲勒的态度一直是亲切的，他深知这样才更有利于实现他的目标。

## 洛克菲勒和合伙人克拉克

克拉克比洛克菲勒大 10 岁，他十分认可洛克菲勒的财务管理能力，于是提议二人合伙做生意。没想到，他们的生意居然十分红火，第一年度盈利 4000 美金。第二年度盈利就高达 1.2 万美金，他们各自分到 6000 美金。经过五年的努力，他们积攒了一笔钱，又开始涉足石油提炼行业。

虽然二人的生意看起来做得不错，但他们的关系并没有那么融洽。克拉克认为洛克菲勒只会记账管钱，对其他方面一窍不通，甚至多次当众贬低他。被合伙人这样对待，一般人都会感到不悦，甚至会引发口角。可洛克菲勒的回击方式却是沉默，克拉克对他越不满，他越不回应。他一次次在心里告诉自己：超越他，用你的强大打败他！

# 艰难的选择

晚上，涛涛来到爸爸的书房，问了一个问题……

# 要有明确的目的地

1. 在我看来，目的犹如启动我们潜能的引擎，是一股重要的力量，能够直接影响我们的行为，并激励我们寻找达成目的的方法。

2. 既然有追求胜利的决心，那就必须全力以赴去实现目标。只有全力以赴，才能取得辉煌成就。

3. 同时，我们还应该拥有积极、勇敢的态度，要有敢于挑战困难的勇气。我坚信一条千古不变的定律——优秀天才的对手总是勇敢的勇士。

**家信21**

可以说，我是一个纯粹的目的主义者，我对目的的价值有着深刻的理解。我与那些过分夸大目标作用的人不同，我更加注重的是功能。在我看来，目的犹如启动我们潜能的引擎，是一股重要的力量，能够直接影响我们的行为，并激励我们寻找达成目的的方法。明确而果断的目标会让我们专注于自己选择的方向，并全力以赴地去实现它。

根据我多年的经验，一个人的最终表现和他完成的任务，与他所做的事情几乎无关。儿子啊，请你动动脑筋想一想，有没有一场高尔夫球比赛只需要一杆就能打完的？显然没有。要想打完一场比赛，你必须一杆一杆地打，一洞一洞地打，每次打出一杆都要力求靠近球洞，最好能完美地落在洞里。就这样一杆一杆地打，直到打进球洞为止。

——1902年5月11日

**家信22**

你要在追求胜利的初期就下定决心，这意味着你要学会在道德和法律的范围内表现出积极和决绝，这样的态度源自残忍无情的目标。既然有追求胜利的决心，那就必须全力以赴去实现目标。只有全力以赴，才能取得辉煌成就。尤其在竞争开始时应该这样去做：正面说法是要努力争取竞争初期的优势，建立起领先的地位。负面说法是你的努力付出就等于让别人失去一次成功的机会。同时，我们还应该拥有积极、勇敢的态度，要有敢于挑战

困难的勇气。我坚信一条千古不变的定律——优秀天才的对手总是勇敢的勇士。

——1908 年 8 月 31 日

## 智慧时刻

　　如果一个人缺乏明确的目标，漫无目的地前行，他势必会感到迷茫，不知道人生要走向何方。只有目标明确，你的前行才会更有动力。你会想尽一切办法，克服前进路上的艰难险阻，更迅速地抵达目的地。反之，你则会浑浑噩噩，为虚度岁月而悔恨。在做任何事情之前，我们都要先确立一个明确的目标，这样我们才有可能创造奇迹。反之，所有奇迹都会离我们远去。成功学大师拿破仑·希尔也曾说过，除非你说出目的地，否则就无法成功。

故事在线

  青年时期的洛克菲勒有一段时间非常迷茫，没有明确的目标，终日浑浑噩噩。没有规划和目标的生活有时会让他头脑不清醒。严重时，他甚至整宿睡不着觉。天亮时，他才会因体力不支睡上两三个小时。

  有一次，洛克菲勒实在难以忍受内心的痛苦，便乘坐大巴去了犹他州，最终在一个农场下了车。天很快就黑了，他不想在外留宿，于是便敲了敲农场主人家的大门。农场主出来时，他礼貌地开口："您好，先生，很抱歉打扰您，我今晚能否借宿在您家中？"农场主欣然接受并且热情地招待了他。第二天，洛克菲勒必须走了，于是，他和农场主说了再见之后，便独自一人走在回家的路上。他深知走回去是不可能的，所以，他左看看右看看，希望会有一辆车能捎他一程。他等了很久，才看见一位赶着马车的农夫，他赶忙招招手，很快，这位农夫便来到了他的面前，并且同意捎他一程。这一刻，他的内心得到了很大的满足，脸上也浮现了一丝笑意。

  农夫驾着马车，载着洛克菲勒走在路上。一路上，洛克菲勒的大脑都在飞速运转，思考着很多事情。这时，农夫开口打断了他的思绪："小伙子，你想去哪儿啊？"洛克菲勒不假思索地答道："我将要到我喜欢到的地方，漫长的路将会把我带到我的梦境去……"显然，他是在满怀深情地背诵着《通达大路之歌》里的诗句。他得意扬扬的样子让农夫很恼怒，大声地呵斥道："喂，年轻人，你的意思是说，你没有

目的地，是吗？"但是，只顾着背诵诗句的洛克菲勒根本没看到农夫神情的改变，也没有听出来他语气的变化，还自顾自地说："有啊，当然有啊，只是，它每天都在变化，变化，变化，不断地变化，永远在变化……"

"下去！"农夫突然一吼，把洛克菲勒的思绪拉回到了现实。这时，洛克菲勒才发现，马车已经被农夫停到了路边，伴随着农夫严厉的呵斥，他被丢到了路边。"终日游手好闲，为什么不去找一份工作，

踏踏实实地过日子呢？"农夫的声音还回荡在路边。洛克菲勒愣住了，他呆站在路边好大一会儿，整条路上就他一个人，这条路一眼望不到尽头，他的周围好似被阴云笼罩，心里刚生出的满足感也被伤心难过的情绪一扫而空。

　　他觉得，刚才和现在简直是天差地别。回想一下，他昨晚还因为

听了诗人惠特曼的诗而备受鼓舞，现在却又因为受到的鼓舞而遭到了农夫的呵斥。但是，他并不在意农夫的训斥，反倒觉得自己确实应该树立一个明确的目标。否则，他将难以走出这条看不见尽头的路。这个教训，洛克菲勒一生都会铭记。

 延伸阅读

## 洛克菲勒的目标

洛克菲勒的第一份工作是簿记员，每周的工资是 5 美元。他知道，这个薪水并不高，距离他心中的目标还差很多。但是眼下他并没有更好的选择，所以他每天都勤奋工作，等待着合适的机会。有一天，他的好朋友克拉克找到了他。克拉克比他年长 10 岁，是一名农场经营者。克拉克提出，要跟他一起投资和经营农产品。洛克菲勒知道，光靠这笔微薄的薪水难以实现自己赚钱的目标，但是放弃这么一份稳定的薪水去创业，就一定能成功吗？他想来想去，为了实现赚钱的目标，他还是放弃了工作，开始了创业。为了赚钱，他还充分调研了农产品行业。事实证明，他的眼光不错，公司第一年就盈利了，也让他距离目标更近了一步。

# 目的地

周末，涛涛一家开车去郊区玩……

89

# 借口和推诿是成功的拦路石

1. 对于那些总是找借口的人，我非常蔑视，因为我认为找借口是懦弱的表现。同时，我也对那些沉迷于借口的人深感同情，因为借口是阻碍他们成功的罪魁祸首。

2. 起初，这种说法只是为了挽回自己的面子，是敷衍别人的借口。但是，随着时间的推移会发现，它只是为自己的懒惰找了一张温床。

3. 我不会因为雇员的错误而惩罚他们，但如果有人做出不负责任的行为，我绝对不能容忍。

 **经典原文**

**家信 23**

对于那些总是找借口的人，我非常蔑视，因为我认为找借口是懦弱的表现。同时，我也对那些沉迷于借口的人深感同情，因为借口是阻碍他们成功的罪魁祸首。当一个失败者为自己的失败行为找到一个"完美"的借口时，他会像溺水者紧紧抓住唯一一根救命稻草，并将此借口用作开脱，向他人辩解，试图掩盖失败的现实。随后，他还心安理得地说："你看嘛，如果不是这个原因，我一定会成为受人敬佩的成功者！"起初，这种说法只是为了挽回自己的面子，是敷衍别人的借口，但是，随着时间的推移会发现，它只是为自己的懒惰找了一张温床。渐渐地，最初找借口带来的负罪感消失了，一切都变得顺理成章，连自己都相信这是失败的真正原因。最终，他的思维开始僵化，追求成功的动力也消失了。然而，这类人从不承认自己喜欢找借口。

——1906 年 4 月 15 日

**家信 24**

我认为，要营造良好的公司责任感氛围，或者培养一种负责任的风气，不仅要通过示范作用来实现，还需要以原则为基础。在标准石油公司里，我的下属几乎都知道我的基本原则：拒绝责难、推诿，不要找借口！这是我经营公司一贯坚持的理念。我不会因为雇员的错误而惩罚他们，但如果有人做出不负责任的行为，我绝对不能容忍。我的信念是贯彻自己的原则。在标准石油公司里，只会找借口推脱责任的人是没有立足之地的。

我很少犯错，因为我敞开大门听取属下提出的任何明智的建议或意见，不论是赞同或反对的意见，我都接受。即使有人纯粹发牢骚，我也同样欢迎。然而，前提是他们以负责任的方式提出。这种做法最终使每个人都相信对方，因为大家都知道，问题会以公正、坦率的方式被讨论。

——1910 年 7 月 24 日

**智慧时刻**

　　在工作和生活中，当我们没有做好某件事时，往往会寻找各种各样的借口为自己开脱，殊不知，这样只会让我们离成功越来越远。借口可以让我们逃避一时的难堪，却不能让我们一生顺意。遇事爱找借口的人，其实是自欺欺人，如此掩盖自己的问题，是难以取得进步的。要想在事业上取得成功，我们就必须奉行这样一个准则：只为成功找方法，不为失败找借口。不管什么借口，都是进步的天敌、成功的绊脚石。与其费尽心思找借口，不如脚踏实地地做好眼前的事。

**故事在线**

　　洛克菲勒手下有一个叫安东尼的员工，他跟着洛克菲勒工作了好多年，但是在工作方面，不管是能力还是职位都没有太大的提升，这让自诩甚高的他感到愤愤不平。有一天，安东尼终于忍不住了，他跑到洛克菲勒的办公室，想当面问清楚自己到底为什么一直没有得到洛克菲勒的重用。

　　安东尼滔滔不绝地说起积压了很久的抱怨和委屈，等他稍微平静下来的时候，洛克菲勒微笑着跟他说："我的老伙计，你为什么会觉得我不重视你呢？前段时间我不是曾经提议过要让你去海外的公司任职吗？"洛克菲勒的话音刚落，安东尼又激动地喊了起来："您真觉得那是重视我吗？您的产业遍布全球，公司有那么多好的职位，却偏偏让我去海外公司，那些公司的职位普遍不高，环境也不好，我的身体素质一向不好，我肯定是吃不消的。"洛克菲勒听了他的话感觉很诧异，

对于很多人来说，去海外公司历练都是求之不得的好机会，但是在安东尼的心目中竟然变成了吃苦受罪的象征。洛克菲勒耐心地向安东尼解释说："现在咱们公司的业务扩展到了世界各地，很多海外公司虽然目前没有总部发展得这么好，但这不也正好给你提供了大展拳脚的机会吗？我觉得你真的可以试一试。"然而，牢骚满腹的安东尼哪里还能听得进去洛克菲勒的话，最终与这个好机会失之交臂。

洛克菲勒曾经跟自己的孩子们讲过这样一个故事：在大森林里住着很多动物，其中有一只非常爱找借口的狼。有一次，这只狼和豹子合作捕捉一只羚羊，羚羊在它的眼前侥幸逃脱，它推说羚羊的动作太过迅速，豹子和它配合没有默契。还有一次，它和熊一起猎杀一只鹿，高大威猛的熊已经死死咬住了鹿，陷入绝境的鹿拼命挣扎，最终成功

逃生。整个过程中毫无动作的狼这时跳出来不停地指责竭尽全力的熊，说熊为什么生得那么高大健壮却最终让鹿从眼皮子底下逃脱，一定是熊偷懒，没有尽力。这只狼每一次失败都能从其他地方找到原因，每天都在不停地怨天尤人，为什么它没有好的合作伙伴，为什么它没有那么强壮。渐渐地，森林里的动物们都疏远了这只浑身充满负能量的狼，狼也在日复一日的消沉中越来越瘦削，最终被觅食的狮子盯上，毫无招架之力的狼变成了狮子的美餐。

我们每个人在生活中都不可避免地会面临失败和困境，我们应该怎么做呢？成功者找方法，失败者找借口。遇

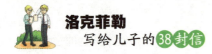

到问题时，我们需要有冷静的头脑和积极乐观的态度，找出问题的原因所在，积极地克服它，这样才有可能会等到峰回路转、柳暗花明。一味地找各种借口推脱责任，只会助长我们遇事逃避、敷衍怠惰的坏习惯，不仅对解决问题毫无助益，反而会让情况变得更加糟糕。所以，抛开那些毫无用处的借口和牢骚，积极行动起来，我们才能一步步地走向成功。

## 标准石油公司没有借口

钢铁大王卡内基对洛克菲勒十分敬佩，因为洛克菲勒在遭受了天价罚单和公司解散的风波后，依然能在商界创造神话。有一次，卡内基去拜访洛克菲勒，问道："你是如何让公司所有人上下一心的，是靠金钱的力量吗？"

洛克菲勒说："虽然金钱的力量惊人，但是责任的力量比它更强大。"

卡内基又问："什么是责任的力量？"

洛克菲勒说："每当出现问题，大家思考的不是如何推诿责任，如何找借口，而是如何扭转形势，弥补过失。在标准石油公司，没有责难，没有借口。"

洛克菲勒不会在员工犯错时惩罚他们，但是对于那些不负责任的行为是零容忍的。他认为，推诿和找借口只会让事情越来越糟，因此要想成功，就要拒绝借口，努力解决问题。

# 借口

涛涛考试没有考好，爸爸把他叫到书房……

# 什么样的人才是伟大的人

1. 伟大的人之所以伟大，并不是因为其拥有某种特殊的职位或头衔，而是因为他通过使用微不足道的工具创造了伟大的成就，通过默默无闻的一生完成了自己的人生目标。

2. 一个人如果能为大众提供宽敞的街道、舒适的住房、庄严的学校、庄重的教堂、真诚的忠告和真挚的祝福，值得当地人民感激，那么无论这个人走到哪里，他都是人们心中的伟人。

3. 我们应该以有意义的行动来生活，而不是虚度光阴；我们应该以真挚的情感来生活，而不是浪费感情于虚拟的电话号码；我们应该以高尚的思维来生活，而不是依靠无端的幻想；我们应该以正确的目标为导向，用自己的心跳来衡量人生。

**家信 25**

　　为什么我会被认为是英雄呢？原因很简单，只是因为那位演讲的老者和听众都陷入了愚蠢的思维陷阱。我是一名军官，而其他人只是微不足道的士兵。那一刻，得到一个令我终生难忘的教训：伟大的人之所以伟大，并不是因为其拥有某种特殊的职位或头衔，而是因为他通过使用微不足道的工具创造了伟大的成就，通过默默无闻的一生完成了自己的人生目标。

　　一个人如果能为大众提供宽敞的街道、舒适的住房、庄严的学校、庄重的教堂、真诚的忠告和真挚的祝福，值得当地人民感激，那么无论这个人走到哪里，他都是人们心中的伟人。在座的各位，我希望大家能够清楚，我们应该以有意义的行动来生活，而不是虚度光阴；我们应该以真挚的情感来生活，而不是浪费感情于虚拟的电话号码；我们应该以高尚的思维来生活，而不是依靠无端的幻想；我们应该以正确的目标为导向，用自己的心跳来衡量人生。

——1906 年 6 月 8 日

**家信 26**

　　这场席卷华尔街的金融风暴让存款人感到极度恐慌，银行大楼前排起了长队，挤兑现象愈发严重。我预感到即将到来的是一场可能导致美国经济再次陷入大萧条的危机。同时，我也明白我们面临的是政府资金短缺、民众失去希望的双重困境。在这个时候，我需要展示一下我的权威，于是我联系斯通先生，告诉他让

美联社传达给国民一句话，以稳定民心："我们的国家一直以来都是有信用的，金融界人士也一直认为信用重于生命。如果我必须证明的话，我可以拿出自己的一半证券来帮助国家保持信用。请大家相信，我们国家不会发生强烈的金融地震。"

　　感激仁慈的上帝，当下危机已烟消云散，华尔街已经安然度过了金融危机的考验。我为这一刻的到来感到骄傲，正如《华尔街日报》所言："洛克菲勒先生以他的声音和巨额资金扼住了华尔街金融恶魔的喉咙。"只有一点或许人们永远不会知道，在战胜这场金融危机的过程中，我个人贡献了最多的财富，这也是我最为自豪的地方。

——1907 年 11 月 20 日

**智慧时刻**

　　真正伟大的人会顺应时代的需求，为整个社会谋福祉。他们心中有大爱，不在乎一己得失，只为给更多人带来幸福。即便一路走来会有艰难险阻，他们也丝毫不会退缩。他们坚信，只要突破了重重难关，一定可以登上更高的山峰。真正伟大的人往往站得高、看得远，他们会站在全人类的高度，发挥他们的聪明才智，实现人类的伟大壮举。他们的一生往往是可圈可点的，整个人类的历史就是由他们串起来的。

　　洛克菲勒曾说："伟大的人，必定是那些为人类和世界造福的人"。人们在判断一个人是不是伟大时，通常会犯一个致命的错误，觉得伟大的人一定待在宽敞明亮的大办公室里，其实不然，这两者之间并没有必然的联系。一个人之所以伟大，在于他所创造的价值，而不是一些外在的东西，比如身份、地位等。没有人可以妄言，一个只会享受的君王要比一个辛勤劳作的农民更伟大。

　　一位年轻的连长被市长邀请上台，接受人们的致敬，原本这个年轻人是非常激动的，可是当他听到市长的演讲内容后，恨不得找个地缝钻进去。市长指着他说："我们的这位小英雄曾在战场上和敌人厮杀，他带领他的部下冲锋向前……"稍微有点儿军事常识的人都知道，在危急时刻，步兵军官不可能跑到队伍最前面，也不会对着部下大叫"冲锋"！他们通常会在军队的后面。这并不是因为他们怕死，而是考虑到作战的需求。如果军官死了，那仗还怎么打下去？所以一定要

保证军官的安全。那天坐在市政大厅的很多士兵们都曾经保护过这个年轻军官，还有的人因此在战场上丧命。

　　说起来有些荒谬，真正为国家战斗在最前线的伟大人物并没有接受大家的致敬，反倒是这个被保护的年轻军官被大家奉为英雄。原因是显而易见的，市长和听众们都觉得这个年轻人是军官，而其他人只是士兵。至此，洛克菲勒明白了一个道理，真正伟人的伟大之处就在于，他用极不起眼的方式取得了惊人成就。

　　洛克菲勒告诉自己的儿子，一个人如果拥有巨额的财富，那么他肩上的责任就会更重，更应该为人类做出贡献。在他心中，为国家服务是比拥有巨额财富更高尚的东西。这样的人才能称为伟大的人，国家所需要的就是这样的人。

20 世纪初，一场金融风暴席卷华尔街，人们纷纷跑到银行大楼前要求取款，眼看就要爆发一场会让整个美国经济都陷入萧条的危机，洛克菲勒敏锐地察觉到，此刻国家资金严重不足，而民众对国家也没有信心。为了维护国家的信用，洛克菲勒拿出了自己一半的证券，帮助政府度过了危机。《华尔街日报》坦言："洛克菲勒先生凭一己之力平息了华尔街金融风暴。"他们不知道的是，在这次金融风暴中，洛克菲勒动用的大部分资金是从自己的腰包里拿的。

洛克菲勒理所当然受到人们的夸赞，大家都说他是一个伟大的人。可是洛克菲勒并没有把这些夸赞当回事，他只是觉得当国家遇到危机时，自己理应做些什么，才不会愧对国家。

洛克菲勒从来没有以伟人自居，他说，只有愚蠢的人才会觉得自己贡献出了一点儿金钱，就特别了不起。虽然洛克菲勒拥有巨额的金钱，但他并不会随意挥霍，他觉得钱应该花在为人类造福上，这才是一个伟大人物的格局。

延伸阅读

## 洛克菲勒与芝加哥大学

1888 年 2 月的一天，洛克菲勒穿戴整齐，和律师乔特一起进入了纽约最高法院，此时法院里早已坐满了人。

对方律师罗杰·普赖尔用手指着洛克菲勒，谴责他垄断经济。为了证明标准石油公司并非一家垄断企业，洛克菲勒不慌不忙地提供了 1882 年标准石油公司起草的托拉斯协议，并公开了 8 位现任委托人的姓名，还透露了公司有 700 位股东。但无论洛克菲勒如何辩解，他的公司还是被定为美国本土最难对付的金钱实体，是原始的托拉斯。洛克菲勒开始大量地捐款，但他赚钱的速度远比捐钱的速度快，他的形象并没有因此而改变。洛克菲勒用了几年的时间终于找到了一种系统又科学的捐款方式，那就是开办学校。之后，他创立了芝加哥大学，为寒窗苦读的莘莘学子创造了读书的机会。不过，他并不喜欢抛头露面，所以在建校五周年时，他虽然答应校长要参加庆祝活动，却没有发表演讲。

# 什么是伟大的人

这天，涛涛拿着一本书找到了爸爸……

# 财富是一种责任，奉献出我们应有的力量

## 洛克菲勒格言

1. 我始终相信，每个人都渴望财富，并且每个人都应该花时间思考如何变得富有。

2. 经历过苦难和磨砺的人深有体会，那些无法用语言描述但真实地展现在我们面前的事物比黄金更加美好、神圣和尊贵。

3. 在这个世界上，金钱并非万能，但没有金钱则几乎无法进行任何事情。

经典原文

**家信 27**

　　我始终相信，每个人都渴望财富，并且每个人都应该花时间思考如何变得富有。当然，我也不能否认，有些东西确实比金钱更有价值和意义。当我们走近一座被秋叶覆盖的坟墓时，即使是最理性的人也会感到一种难以形容的凄凉和悲伤。我知道有些东西是超越金钱的，是人类灵魂中真正崇高的事物。经历过苦难和磨砺的人深有体会，那些无法用语言描述但真实地展现在我们面前的事物比黄金更加美好、神圣和尊贵。

　　事实上，我们都清楚，任何东西都是依靠金钱来提升其价值的。孩子，你要记住，在这个世界上，金钱并非万能，但没有金钱则几乎无法进行任何事情。

　　爱情是上帝赐予我们的伟大的东西之一。然而，你不得不承认，拥有巨额财富的恋人的爱情或许会更加甜蜜，这就是金钱的力量所在！

——1906 年 7 月 26 日

**家信 28**

　　查尔斯先生一生的致富准则只有一句话：赚钱不会导致破产。我还清楚地记得，一次我们在共进午餐时，查尔斯先生毫无保留地分享了他的致富理念。那天，他像一位著名演讲家一样，充满激情地演讲了他简短而精练的演讲词。这是一堂非常有启发性的课程，我们每个人都从中获益。

　　查尔斯先生说："我们所追求的是生钱的方法，而不是花钱

洛克菲勒
写给儿子的38封信

的途径。我们认识到财富是可以持续为我们创造更多财富的，因为金钱会生钱。因此，我们不断培养和磨炼各种投资技巧，以便将手头的资金投资出去，继续创造更多的财富。非常不错，先生们，你们做得很好。但是，今天我想告诉大家的是，每一分钱都能产生效益。正如约翰一贯遵循的经商原则，要使每一分钱都发挥最大的价值。"

——1914年6月21日

**智慧时刻**

　　人类本就是一个互帮互助的整体，当一个人拥有更多财富时，就意味着他要为这个社会做出更多的贡献，他所肩负的责任也就越大。当一个人不能正确认识金钱的作用时，可能意味着他并不想为这个社会贡献什么，从本质上来说这样的人是自私的。财富是一种巨大的能量，同时也是一种荣耀的责任。财富所带来的不仅是经济上的自足，更是我们必须承担的责任。当我们拥有更多财富时，我们就要更大程度地回馈社会，让财富流动起来。

**故事在线**

　　洛克菲勒曾说："假如一个人不想要金钱，那就相当于他不想为这个社会做贡献。"与那些吹捧贫困、鄙夷金钱的人不同的是，洛克菲勒始终认为，每个人都应该为了金钱而奋斗。若是一个人因为经受过贫困而变得胆小懦弱，那么他将愧对自己和家人。

　　洛克菲勒始终觉得，一个人要想为社会做出大贡献，就要不断地去创造财富。拥有很多财富的人更应该具备责任心，这样，他们才可以改变他人原本不好的生活，让这个社会变得更加美好。

　　在洛克菲勒小的时候，他的父亲比尔常年外出。这时，作为家中长子的洛克菲勒便成为挑起家中大梁的最佳人选，他的母亲将对自己丈夫的依赖转移到洛克菲勒身上。当然，她也很注重对洛克菲勒各方面的培养。洛克菲勒也不负母亲所望，小小年纪就具备了很多优良品质，他从母亲身上学会了独立、坚强和担当。父亲的缺席让他不得不学会快速成长，他从来就不让自己闲着，砍柴、种地、打水、采购，

照顾年幼的弟弟妹妹都是他每日必须做的。年仅 10 岁的洛克菲勒便已经明白,为了这个家,他必须拼命干活,他要替他们的父亲承担起赚钱养家的义务。

所以,洛克菲勒早早地便开始想尽一切办法去赚钱。他每天帮邻居挖土豆能挣 37.5 美分,然后凑出 50 美分以 7% 的利息借出去,这样他就可以收回 53.5 美分。当赚到钱之后,洛克菲勒觉得自己终于可以减轻母亲的负担了。他也渐渐明白了金钱的重要性。

每当回忆起过去,洛克菲勒都会感慨道:"我家境贫寒之时,受到

了好多好心人的帮助。我的母亲又有很强的自尊心，她希望我能成为家里的顶梁柱，她的教导让我一生难忘。"在洛克菲勒成长的过程中，正是因为其母孜孜不倦的教导，才让他有了很强的责任心。

在少年洛克菲勒看来，金钱并不只是一种工具，金钱能让他的家人拥有美好的生活，能给自己带来更高的社会地位。他曾说："相比于让我住富丽堂皇的宫殿，让我穿华丽的衣服，在社会上能有一席之地更让我兴奋。"洛克菲勒之所以每日辛苦地赚钱，正是受到了自己责任心的驱使，但这并不意味着他赚钱毫无法度。他曾教导他的儿子

说："赚钱不能胡作非为，是有一定的法度的，一旦违背法度，那么金钱便会成为我们作恶的工具。"

在洛克菲勒看来，一些人对金钱的认识不够深刻，所以很难赚到钱。这些人把金钱看作冰冷的工具，这是万万不对的。其实，金钱是鲜活的，正确认识金钱的作用，加强社会责任感，可以加快我们为社会奉献的步伐。

## "抠门"的洛克菲勒

有一次，洛克菲勒经水路运送一批粮食，觉得150美元的保险太贵，就没有买。没想到，当晚暴风袭击伊利湖，为此，他一晚上都没睡好。第二天早上，他的合伙人到办公室时，发现洛克菲勒正在房间里不安地走来走去。看到合伙人后，洛克菲勒焦急地说："快，看还能否买保险，我担心昨晚的暴风会给我们造成很大的损失。"合伙人一听，急忙跑到保险公司投保。

合伙人投保回来，却见洛克菲勒的情况更差了。原来，在合伙人离开后不久，洛克菲勒就收到电报，船已经安全到达了。洛克菲勒一想到白白花了150美元的保费，就感觉心疼极了。

# 捐 款

这天，爸爸带着涛涛去捐款……

# 做人要勤奋，不要奢望免费的午餐

1.作为一个移民，我天生勤奋努力、怀揣希望。在我还是个孩子的时候，我就在脑海中植入了自力更生、勤俭节约、坚忍不拔和忠实守信等创业美德。

2.依我看，金钱资助其实就像是施舍一样，根本算不上真正的帮助。它能给人们带去的只有懒散和消极的态度，会摧毁人们勤奋、节俭和努力工作的积极精神，让人变得越来越自私、缺乏责任感。

3.不论是谁，一旦养成了一种习惯，无论是好习惯还是坏习惯，都会引导他的行为方式。如果养成吃免费午餐的习惯，会使他失去许多机会，他的未来将充满曲折和困难。

**家信 29**

　　我很高兴收到你的来信，而且更令我高兴的是，我真的很欣赏你在信中提到的两句名言。一句是"没有获得胜利，你就是在自暴自弃"，另一句是"贵族源于勤奋"。这两句话是非常正确的人生哲理，如果不自谦的话，我可以说这正是我人生的缩影。

　　那些对我心怀嫉妒的人，一谈到我依靠自己的双手创造了巨额财富时，就说我像个极具天赋的吸金机。这种比喻没有任何依据，只能说明他们见识平庸和缺乏洞察力。

　　作为一个移民，我天生勤奋努力、怀揣希望。在我还是个孩子的时候，我就在脑海中植入了自力更生、勤俭节约、坚忍不拔和忠实守信等创业美德。我坚信这些真理，将它们视为我的信仰，即使今天，我的内心深处仍然坚守着这些美好的信念。我不会忘记正是这些美好的品质奠定了我成功的基础，它们帮助我不断攀登，最终将我送上人生的巅峰。

——1907 年 1 月 25 日

**家信 30**

　　依我看，金钱资助其实就像是施舍一样，根本算不上真正的帮助。它能给人们带去的只有懒散和消极的态度，会摧毁人们勤奋、节俭和努力工作的积极精神，让人变得越来越自私、缺乏责任感。而且，当你给一个人金钱时，就意味着你剥夺了他做人的尊严，否定了他掌控自己命运的权力，这是我不能容忍的，我将其视为不道德的行为。孩子啊，作为富人，我们有责任成为造福

人类的使者，但我们不应该好心做坏事，把资金投入制造懒汉的行为中。

不论是谁，一旦养成了一种习惯，无论是好习惯还是坏习惯，都会引导他的行为方式。如果养成吃免费午餐的习惯，会使他失去许多机会，他的未来将充满曲折和困难。但是，如果养成勤奋工作的习惯，就可以让他的生活一直可靠而稳定。孩子，为了获得成功，我们必须努力工作，财富和幸福不是靠别人给予的，而是通过自己的努力奋斗获得的。只有我们努力工作，才能建立起通往成功的桥梁。

——1911 年 3 月 17 日

**智慧时刻**

有些人因为努力打拼太过辛苦，就产生了一些不切实际的想法，妄想天上可以掉下馅饼。但实际上，世界上并没有免费的午餐，我们需要的任何东西都要通过不断地付出才能得到。只有努力拼搏，才能获得幸福。

**故事在线**

一个人的成功一定是由多种因素合力推动取得的。大多数人觉得，运气这样的外部因素是取得成功的主要因素，却忽视了内在因素。与他们不同的是，洛克菲勒始终把勤奋奉为取得成功的不二法宝。

洛克菲勒能够成功创立标准石油公司，并多年位居美国富人排行榜榜首，靠的就是他异于常人的商业头脑、坚持不懈的努力和坚忍不拔的信念，而不是因为他得到了上帝的偏爱。

洛克菲勒家族的信条和家庭教育的核心是勤奋。洛克菲勒也十分严谨，处理公司账务时，几分钱的偏差对他来说也是天大的事，他绝不容许任何错误存在。从小，洛克菲勒就对与商业有关的事情十分感兴趣，他会时时刻刻观察市场动态，分析价格波动的原因，也会买卖商品来赚取利润。他后来之所以能成为商业大家，和他极高的商业敏感度以及坚忍不拔的精神密不可分。

洛克菲勒涉足石油行业是他成年之后的事情了，当时，许多人发现了石油的商机，市场竞争十分激烈。洛克菲勒不仅没有败下阵来，还成为该行业的佼佼者，靠的就是他敏捷的商业洞察力和坚持不懈的奋斗精神。

　　洛克菲勒常说："只有付出百分百努力，不怕吃苦的人才能够成功。"正因为洛克菲勒一直贯彻着这句话，标准石油公司才会迅速成为当时世界上技术设备最先进的公司，该公司的团队也成为世界上公认的勤奋的团队。拥有了这些，标准石油公司的成功也就是水到渠成的事情了。

　　在治理公司方面，洛克菲勒把重点放在产品质量的提升、销售途径的创新、生产成本的最小化上，很快便大大提升了公司的竞争优势。洛克菲勒并没有止步于此，他还想要扩建公司，便收购了几家小型的石油公司，这样一来，不仅公司业务覆盖面扩大了，公司的实力

也有所提升。慢慢地，洛克菲勒带领标准石油公司进入当时美国石油公司的前列，他自己也随之跻身美国富人榜。不仅如此，美国石油工业受到他的影响，积累了深厚的工业基础，飞速发展。可见，洛克菲勒的成功不是因为上天的眷顾，而是因为他有着坚忍不拔的信念和永不后退的精神，他用他的坚持和付出让我们领悟到了勤奋的真谛。而我们要想取得成功，能做的就是"活到老，学到老"。

　　在洛克菲勒看来，生命的本质是勤奋工作，努力学习。年轻人作为社会的主力军更要学会思考，懂得磨炼自己，不奢侈享乐，工作兢兢业业，这样才有可能获得财富。

119

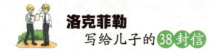

洛克菲勒给儿子写过 38 封信，他曾在信中提到，自己幼时便开始承担家中挑水、种地、砍柴的工作，他从不抱怨，而是乐在其中。洛克菲勒之所以有坚忍不拔的信念和钢铁般的意志，也是他从小磨炼出来的。

洛克菲勒的成功并不是偶然的，而是由他一点一滴的勤奋与努力造就的。

🏆 **延伸阅读**

## 天下没有免费的午餐

洛克菲勒尽管做过不计其数的公益，可他却从不帮衬个人。他认为，假如每天准时准点地给个人提供无偿的食物，那么这个人就会有天上会掉馅饼，不用付出劳动也能得到食物的想法。

从前有一个国王，他很有才能，在他的治理下，百姓安居乐业。国王十分高兴，就想让群臣把自己治理国家的经验整理成书留给后人，使子孙后代也能治理好国家。

群臣整理了 12 本书，国王担心子孙耐心不足，看不完，又让大臣将内容压缩成一本书，最后甚至压缩成一句话：天下没有免费的午餐。

洛克菲勒认为，对于任何一个人来说，习惯都是一件很可怕的事情，好的习惯会促使我们努力进步。相反，不劳而获的坏习惯会使我们止步不前，甚至会使我们倒退。因此，谁也不要想着不劳而获。

# 免费的午餐

妈妈出差了，只剩涛涛和爸爸在家……

# 敢于竞争和冒险

1. 在商战中，失败是不可或缺的结果，如果你的竞争对手没有获得那个结果，那你必然是获得那个结果的人。在双方交战时，如果没有必胜的念头，你就只能得到失败的结局。

2. 事情根本不存在维持现状的可能，只有不断前进和后退之分，这是再明显不过的道理。我坚信，谨慎行事并非完美的成功之道。

3. 无论我们做什么，甚至是我们的人生，最终都必须在谨慎和冒险之间做出选择。根据我的经验，大多数情况下，冒险获胜的可能性比谨慎大。

**家信 31**

坦率地说，为了成功，牺牲别人的利益是不可避免的事实。为了取得成功，你必须克服对对手的同情，展示自己的实力，攻击对手，甚至不应该拖延打击对手的时间，以免付出更大的代价。

在商战中，失败是不可或缺的结果，如果你的竞争对手没有获得那个结果，那你必然是获得那个结果的人。在双方交战时，如果没有必胜的念头，你就只能得到失败的结局。

说实话，我并不喜欢竞争，但我会尽全力迎接竞争对手的挑战。一旦遇到强大的竞争对手，我内心深处的好胜本能就会燃烧起来，当我燃尽了那种本能，才能体验到胜利带来的喜悦。博茨先生曾经给我带来过这种感觉。

——1918 年 8 月 11 日

**家信 32**

要想在冒险中取得成功，你必须明白冒险的重要性，并且要有预测自己命运的远见。对我来说，与克拉克先生分道扬镳时就是一场冒险，所以我仔细地进行了考虑，我需要知道自己为进入石油行业付出的一切是否会有持久的收益，以及原油是否会消失。因为当时很多人都认为石油就像一朵瞬息盛开的昙花。当然，我期望原油不会枯竭，因为一旦原油枯竭，我所有的投资和努力都将化为泡影，我会比赌场上输光一切的赌徒更加悲惨。

……

事情根本不存在维持现状的可能，只有不断前进和后退之分，这是再明显不过的道理。我坚信，谨慎行事并非完美的成功之道。

无论我们做什么，甚至是我们的人生，最终都必须在谨慎和冒险之间做出选择。根据我的经验，大多数情况下，冒险获胜的可能性比谨慎大。

可以说，没有商人不追逐利润和财富，要想变得富有，商人必须强迫自己创造资源或者夺取他人的资源。有时，商人甚至不得不强迫他人放弃他的资源，因此，冒险成为商人在商场竞争中不可或缺的手段。

如果你让我告诉你一条冒险而不失败的方法，那么我就只能告诉你12个字："大胆谋划，周密计划，谨慎实施。"

——1936年11月2日

**智慧时刻**

　　在日常生活中，我们常常会面临挑战。如果我们因为害怕困难而胆怯，或者因为担心失败而犹豫不决，就会失去信心。一旦我们失去了信心，陷入困境时，将没有任何抵抗能力，只能任人摆布。如果我们必须面对挑战，那么还不如毅然决然地全情投入。要想获得成功，就要非常认真地做准备工作，不断地拼搏！只有当我们取得胜利并得到他人的认可，我们才有发言权。

 **故事在线**

　　19世纪80年代初，洛克菲勒所领导的标准石油公司在美国石油行业首屈一指，他本人也名声在外。1822年，威廉·赫伯特·利比远赴远东，考察当地石油的发展前景。经过仔细勘查，利比发现石油远比其他产品的发展前景更为广阔，于是他便有了在中国和印度等国家大规模宣传使用煤油的想法，这一想法得到了洛克菲勒的大力支持。

　　洛克菲勒曾给自己的公司做了一个规划，先将油灯研发出来，并进行推广，然后引导人们使用，从而达到在多个国家拓展公司业务的目的。说干就干，煤油灯很快就制造出来了，宣传手册也很快印了出来，还翻译成了中文。不久，标准石油公司制造出来的产品就漂洋过海，来到了中国。洛克菲勒制定了低价策略，煤油灯和灯芯被广泛推广，为了刺激需求，针对第一次购买的顾客，标准石油公司甚至免费送给他们使用。

　　可是，好景不长，新油田的开发使大量石油进入市场，这给标准石油公司带来了巨大的冲击。一时之间，大量便宜的煤油出现在世界

各地，洛克菲勒公司的市场占有率严重下滑。

    洛克菲勒面临着前所未有的挑战，但他对此并没有感到害怕。他一直都是一个愈挫愈勇的人，不可能将自己建立的公司拱手让人。他相信事在人为，只要积极想办法、寻求出路，任何难题都能迎刃而解。现在，我们就一起来看看这个传奇人物究竟是如何解决这一危机的吧。洛克菲勒延续了他一直以来的做法，大幅度下调欧洲市场的石油价格。同时，他要尽快在海外建立自己的石油机构。1888年，他成

立了英美石油公司，这是标准石油公司建立的第一家海外分支机构。从此以后，英国市场的大部分石油份额归这家子公司所有。之后，在德国的不来梅，标准石油公司创建的第二家海外分支机构——德美石油公司成立，主要用于掌握德国的贸易通道。不久，标准石油公司旗下的一个石油运输站在荷兰的鹿特丹港成立，一份保障合同也随之签署，保证将来给法国提供所需的原油。之后，荷兰和意大利两家石油公司的部分股权被标准石油公司收购。与此同时，标准石油公司还派了100万加仑装载量的蒸汽油轮向欧洲市场进发。

为了抢占亚洲市场，标准石油公司决定成为俄国煤油的代销商，从而在整个亚洲地区铺开销售网。与此同时，洛克菲勒还委派多个代理人到各个地区进一步抢占市场，在竞争中拔得头筹。

洛克菲勒一手创立的石油帝国一跃成为世界上规模最大、实力最强的公司。

## 洛克菲勒改行

洛克菲勒在从事石油行业之前，一直做的是农产品代销生意，而且生意十分红火。原本他以为，按照这个势头发展下去，他可以成为这一领域的佼佼者。但是在听了照明方面的专家安德鲁斯的话后，洛克菲勒突然决定改行。当时，安德鲁斯对洛克菲勒说："洛克菲勒先生，燃烧煤油所发出的光亮比燃烧其他照明油更明亮。在未来，煤油很有可能会取代其他产品，成为唯一的照明油。这意味着一个庞大的市场等待着我们，一旦我们进入这个市场，我们将看到令人惊艳的景象！"

洛克菲勒听到这番话，立刻决定做炼油生意。虽然当时石油行业并不好做，很多人都失败了，但洛克菲勒打算冒这个险。他们的第一笔投资是 4000 美元，对当时的他来说堪称巨款。经过不到一年的努力，他赚的钱就超过了代售农产品，这让他意识到了胆量和冒险的意义。

# 敢于竞争

放学后，涛涛垂头丧气地回到了家……

# 将员工摆在首位，知人善用

1. 如果你把时间都投入自己不喜欢或厌恶的事情上，那么你在精神上和肉体上都不可能得到自我满足。因为无法得到自我满足，你就会失去对生活的热情，从而失去工作动力。

2. 要想成功地发挥下属的才能和调动其工作热情，你就必须知道领导者的职责并不在于发现下属的缺点，而在于发掘并充分利用他们的优点和特殊能力。

3. 我坚信：给予他人应有的尊重，会激发他们无限的工作潜力。这是我从标准石油公司所有员工竭尽全力为公司工作的事实中得出的一个真理。

**家信 33**

这个道理很容易理解，想象一下，如果你把时间都投入自己不喜欢或厌恶的事情上，那么你在精神上和肉体上都不可能得到自我满足。因为无法得到自我满足，你就会失去对生活的热情，从而失去工作动力。期望一个失去工作动力的人做出杰出的成就，这是可笑的，就如同期望一个坏了的闹钟准时报时一样滑稽。

因此，我从来不忘给下属机会，让他们忠于自己。我会点燃他们的激情，让他们发挥自己独特的才能，而我从中获得财富和成就。忠于自己会带来人生最伟大的胜利，谁会放弃这样的机会呢？

要想成功地发挥下属的才能和调动其工作热情，你就必须知道领导者的职责并不在于发现下属的缺点，而在于发掘并充分利用他们的优点和特殊能力。我不擅长指责下属的缺点，相反，我非常热衷于发现他们的优点和能力，一旦发现他们的才能，我就会给予他们充分发挥的舞台，激发他们的工作热情，并将他们的优势运用在工作的挑战和需求上。重用阿奇博尔德先生正是这一原则的最佳证明。

与那些自高自大的领导者不同，我从不以自己的喜好来选拔人才，我用人从来不考虑他身上是否有光环，更看重他在工作中的才能。和其他人一样，我也偏好自己喜欢的东西，但与其他人不同的是，我更注重效率。

——1912 年 11 月 17 日

## 家信 34

说实话，我没有理由对那些用他们辛勤的双手为我创造财富的雇员不好。对于他们为我做出的贡献、努力和牺牲，我理应心存感激，而且这个世界需要的是温暖和关怀。我对我的每一位雇员都有爱，我从未高声斥责或者辱骂过他们，更不会像一些没有素养的富人那样在他们面前傲慢无礼。我一直给予我的雇员无限的温情、宽容和公正。

实际上，所有这些都归结到一个词上，那就是尊重。没错，我一直尊重我的员工。在人们眼中，尊重无非是满足道德需求，但我发现了它的新价值——激发员工努力工作的热情。我坚信：给予他人应有的尊重，会激发他们无限的工作潜力。这是我从标准石油公司所有员工竭尽全力为公司工作的事实中得出的一个真理。

——1925 年 9 月 19 日

**智慧时刻**

　　洛克菲勒曾多次谈到要了解员工的能力，把他们安排到合适的职位上，还要充分利用每个人的特长和优点。在公司里，洛克菲勒总是给予下属充分的空间表现他们对工作的热情与天赋。他也因为这种管理模式而实现了个人的成就，并在经济上获得了回报。在协作达成共同目标的过程中，领导者应该按照每个下属的优势和特长安排相应的工作，同时通过激发下属的潜能来取得更多的成就。

**故事在线**

　　洛克菲勒曾说："做你喜欢的事，而其他的事，就交由喜欢做那些事的人去做。"其实，他的这句座右铭与中国的成语"知人善任"所表达的意思一样。洛克菲勒的这句话具有极其深厚的哲学智慧和道德底蕴。若是公司领导者能做到知人善任，那么就可以让公司的每一个人都能够发挥自己的优势。这样一来，公司的工作效率自然就提高了，还能增强公司的向心力。

　　洛克菲勒在用人方面是心口合一的。他个人的喜好从不会作为他任用人才的依据，不同人的性格特征以及优势特长才是他关注的。洛克菲勒擅长让人们信服自己，从而各司其职，为他所用，创造出更多的价值。

　　洛克菲勒是一个滴酒不沾的人，不仅如此，他在家中实行禁酒令，不允许家人喝酒。而他的得力助手阿奇博尔德则与他截然相反，是一个酒鬼。洛克菲勒十分讨厌阿奇博尔德喝酒，但对于其他事情，

洛克菲勒依旧能保持理性，不会因为助手喜欢喝酒便贬低他在其他方面的才能。洛克菲勒时常观察阿奇博尔德工作时的样子，他发现阿奇博尔德极具领导才能。阿奇博尔德反应灵活，又善于社交，总是能与人处好关系，他还很会化解矛盾，减少尴尬，哪怕是员工情绪失控，他也能稳如泰山，丝毫不慌张，他稳定的情绪还能感染其他人，让大家感到自信和放松。在阿奇博尔德的字典里从来没有"不可能"，一切事情都是可以完美解决的。因此，阿奇博尔德很受公司员工的喜欢，有他在，公司的氛围总能变得轻松一些。他也能够为公司带来利润，因为他总能在商战中获胜。

值得我们思考的是，为何外表看起来平平无奇的酒鬼阿奇博尔德在商战中能有那么出色的表现

呢？这是因为他极具自信，总能给他人很多惊喜，让人感到很安心。
值得庆幸的是，洛克菲勒能够通过阿奇博尔德普通的外表，挖掘出他
可贵的才能，并对他的能力十分欣赏，常常给他安排一些很重要的工
作。慢慢地，洛克菲勒让阿奇博尔德接替了自己的岗位，让他在新的
天空翱翔。事实证明，洛克菲勒并没有看走眼，阿奇博尔德在工作上
给了他很大帮助，成为他最信赖的一位助手。

　　设想一下，若是洛克菲勒不懂得知人善任，单凭自己的喜好来任
用人才，那么，阿奇博尔德很可能没有机会施展他非凡的领导才能，
洛克菲勒也不会找到这位得力助手。幸运的是，洛克菲勒很擅长发现
别人的优点，很擅长为不同的人分配不同的工作岗位，有他在，每一
个岗位都不会被辜负，每一个员工都能发挥出
自己的特长，从而创造出最大的价值。尽管

阿奇博尔德嗜酒如命，洛克菲勒还是能够很好地利用他的才能。可见，知人善用的领导者能够更好地让下属在他们擅长的领域发光发热。

## 洛克菲勒教子

有一段时间，洛克菲勒的儿子约翰（约翰·戴维森·洛克菲勒）忙于工作，经常加班到深夜才回家。于是洛克菲勒找到约翰，对他说："约翰，我觉得一个出色的管理者，不但要把公司管理得很好，还要有时间陪伴家人，或者开车出去短途旅行，欣赏大自然的美景，你觉得我说得对吗？"

约翰无奈地说："父亲，我也认可您说的话，并在努力成为这样的人，却一直做不到。"

洛克菲勒对儿子说："身为一个管理者，你要做的事是将有能力的人置于合适的职位上，让其发挥长处。你负责指引方向，具体工作由其他人来做，如果你要亲自处理所有的事情，那我们招聘那么多人做什么呢？"

听了这番话之后，约翰深思了片刻，随后询问父亲："父亲，您说得没错。在管理和人才选用方面，我需要学习的还有很多。那现在我该从什么地方着手呢？"

洛克菲勒微笑着说道："第一，认真地评估你的下属并做出全面评价，要深入掌握每个人的强项和弱项。第二……"听了父亲的话后，约翰立刻说道："将他们放到他们自己熟悉和适合的领域与位置上！"

# 知人善任

涛涛见爸爸送走了客人，急忙跑到爸爸身边……

爸爸，刚才那个叔叔找您做什么呀？

是一些工作上的事情，怎么了？

我觉得他脾气不太好，我还听见他嚷嚷了呢。

这个叔叔为人正直，就是脾气有点儿大，所以我让他负责检验产品质量。

嘿，老爸，还得是您啊，知人善任。

要说知人善任，你妈妈才厉害，把家里所有的家务都安排给我。

137

# 自己是最大的资本

1.那些达到顶峰或者即将达到顶峰的人总是乐观和积极的。他们的积极来自他们定期摄入有益、清洁、有力量的精神养分。

2.走向富有的所有障碍都可以被克服，关键在于如何行动。你要相信，你最大的资本就是自己，保持坚定的信念，不断审视自己犹豫的原因，直到信念完全取代怀疑。

3.信念就是你成功的原动力，它会在你的心里滋生出无穷的力量，这股力量足以帮助你克服成功道路上的所有困难。

经典原文

## 家信 35

只有找到真正的心灵归宿，一个人才能避免沦为流浪街头的乞讨者。最重要的是，不要背叛自己的内心，即使需要出卖自己的内心，也要出卖给自己。我们应该接纳自己。要知道，上帝按照自己的意愿创造了人类，人类的地位仅次于天使。上帝在创造人类时，没有设定年龄、学识、性别、胖瘦、高矮、肤色和其他表面限制，也没有时间创造无用之人，更不会忽视他所创造的每一个个体。此外，我们要培养积极乐观的心态。

心灵是我们个人的核心，它就像是我们真正的小家园，我们的好与坏都与它息息相关。时间女神在我们的内心世界放置的每一样东西，都有其特定的目的，也许会破坏你的未来，降低你的潜力，比如消极；也许有助于你未来的发展，使你获得伟大的成就，比如积极。

那些达到顶峰或者即将达到顶峰的人总是乐观和积极的。他们的积极来自他们定期摄入有益、清洁、有力量的精神养分。就像每天都需要食物来补充身体的营养一样，他们每天都不会忘记给自己的心灵补充精神食粮。他们明白这样一个道理：如果头脑充实，就不需要担心没有足够的食物来滋养身体，而且也不用担心年老时的经济问题。

——1914 年 8 月 1 日

## 家信 36

每一个贫困但怀揣创业梦想的人面临的问题都是缺少资本。

如果再加上对失败的恐惧和对资本运用和筹集的不确定，他们的行动会缓慢如同蜗牛，甚至会停止奔向成功的脚步，最终一事无成。因此，在给那个年轻人的回信中，我特意警告他："走向富有的所有障碍都可以被克服，关键在于如何行动。你要相信，你最大的资本就是自己，要保持坚定的信念，不断审视自己犹豫的原因，直到信念完全取代怀疑。你要明白，如果没有足够的自信，你就无法取得成功。信念就是你成功的原动力，它会在你的心里滋生出无穷的力量，这股力量足以帮助你克服成功道路上的所有困难。

——1926 年 5 月 29 日

## 智慧时刻

洛克菲勒曾说，一个人如果不相信自己，那就跟窃贼无异。因为一个人对自己没有自信，未能展现出自己的能力，就相当于将自己的人生偷走了。你的人生只能由你自己负责，你就是自己最大的资本。一个人最大的不幸，就是总怀疑自己，进而难以展现出自己的真才实学，白白浪费了大好光阴。生命何其宝贵，只有先利用好自己这个资本，才能吸引到更多的资本。一个对自己充满自信，将自己这个最大的资本运用到极致的人，才配享有无限荣光。

 故事在线

有一个年轻人想要创业，却苦于没有资本，于是找到洛克菲勒，向他诉说了自己的苦恼。洛克菲勒听完他的话，就给他讲了一个故事。从前在印度河附近住着一个富人，他拥有很多钱财和土地，对自己的生活也很满意。一天，一位僧人来拜访他，对他讲起了钻石形成的过程，并对他说："虽然你现在很有钱，但是如果你拥有满满一手钻石的话，就可以把整个国家的土地买下来。如果你能拥有一座钻石矿，你就能让你儿子做国王。"

听了僧人的话，富人的心态发生了变化，并产生了一个念头：我一定要拥有一座钻石矿。当天晚上，他翻来覆去地睡不着。第二天一早，他就去找到僧人，问他钻石矿在哪里。

僧人说："在一条从白沙上奔流而过的河里就能找到，这样的河有很多，只要用心就能找到。"

富人被僧人的话打动，当即下定决心要去找钻石矿。于是，他回去卖掉了自己的土地，把房子托管给邻居，带上所有的钱出发了。令他失望的是，他去了月亮山区，去了巴勒斯坦，跑遍了整个欧洲，花光了所有的钱，也没有找到钻石矿的踪迹。最终，心灰意冷的他来到海边，跳进大海结束了自己的生命。

富人死后，他的花园被另一个人继承。一天，这个继承人牵着骆驼到流经花园的那条小溪喝水，无意中看到小溪底的白沙中闪烁着耀眼的光。他好奇地把手伸入白沙中，捡起了一块黑石头，发现上面有一个地方闪烁着彩虹一样的光芒。他觉得这块石头很好看，于是把它带回家放在了壁炉的架子上，并很快把它忘到了脑后。

一天，那个僧人再次来到这里，看到了架子上的石头，兴奋地说："天哪，钻石！是花园的主人回来了吗？"

没想到继承人却说："这座花园现在归我所有。这块石头是我在后花园的小溪里捡到的，只是块普通的石头。"

僧人却说："不，这就是钻石。"

继承人见僧人不信，就带着僧人来到小溪边。僧人看了看，发现小溪里还有很多大块的钻石。

这就是印度戈尔康达钻石矿被发现的经过，这座钻石矿是人类历史上罕见的大规模出产钻石的矿区，价值不可估量。

洛克菲勒讲完这个故事，笑着对年轻人说："从贫穷通往富裕的道路永远畅通无阻，重要的是你要坚信：我就是我最大的资本。"

## 做人要积极乐观

洛克菲勒曾经跟心理学家卡尔·荣格先生会面，后者为他讲了一个故事，后来，洛克菲勒又把这个故事讲给了他的儿子。

一天，积极乐观的约翰生活的地方遭遇了洪水，为了避免被水冲走，他只好爬上了屋顶。这时候，他的邻居漂了过来，悲伤地说："约翰，你觉不觉得这场洪水有些可怕？"

约翰说："还好吧。"

邻居说："你的鸡场都被大水冲毁了，你居然说'还好吧'？"

约翰说："鸡场确实被冲毁了，但是我半年前就开始养鸭子了，此刻它们正在游泳呢。"

邻居又说："那你的庄稼都会被洪水冲走呀！"

约翰却说："刚好上周有人告诉我，我该给庄稼浇水了，现在我什么都不用做，庄稼就得到了灌溉，不是很好吗？"

邻居见约翰的情绪没有任何波动，又说："约翰，大水马上就要淹没你家窗户了，还没有退去的迹象。"

约翰却高兴地说："我家的窗户早就脏了，正好帮我清洗一下。"

洛克菲勒想用这个故事告诉儿子，做人要积极乐观，不管发生什么事都有办法解决。

# 最大的财富是自己

涛涛参加机器人比赛没有拿奖，心情很郁闷……

# 贪心和雄心缺一不可

1. 可以说，我从小就有成为天下首富的雄心，这种雄心就像是一双强有力的翅膀，带我飞向事业的巅峰。

2. 伟大的目标有着神奇的力量，它可以激发出你的全部能力，如果没有远大的目标，你就失去了挖掘潜力的原动力。

3. 伟大和普通的区别在于你是否能够领悟到，如果你怀有壮志和雄心，那么你每天都会努力迈向伟大的目标。

经典原文

**家信 37**

我从未关注过那些说我贪心的人。这么多年来，我从未把这个词看作是贬义的，而是在全心享受着这个在别人眼里并不太好的"称赞"——贪心。我觉得它对我来说是一种特殊的礼物，具有重要的意义，是对我事业的一种赞扬。这个"称赞"最早出现在我事业蓬勃发展时期，当时，洛克菲勒已经不仅仅是一个人，还代表了财富和庞大的商业帝国。

我仍然记得那个时期，当时有许多人、许多家报社给予了我这样的"赞美"。对于这样的"称赞"，我并没有感到紧张或心跳加速，尽管我清楚地知道，他们是故意往我身上泼脏水，我更知道他们是想在我的商业帝国上抹上令人厌恶的铜臭气。

——1918 年 5 月 6 日

**家信 38**

可以说，我从小就有成为天下首富的雄心，这种雄心就像是一双强有力的翅膀，带我飞向事业的巅峰。要记住，对于一个贫穷的小子来说，拥有一个宏伟目标就是一种强大的动力。依我之见，人生要有目标，而且目标越大越好，因为只有有了强大的动力，你才能取得成功。伟大的目标有着神奇的力量，它可以激发出你的全部能力，如果没有远大的目标，你就失去了挖掘潜力的原动力。然而，仅有远大的理想和抱负是不够的，一个人还必须将远大的目标付诸实践。亲爱的儿子，你必须有远大的目标，并为这个远大的目标制订周密的计划。切不可有短浅的志向，因为

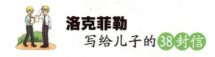
那样无法激发内心的动力。

当然，成为伟大人物的机遇并不会像尼亚加拉大瀑布那样向你奔来，而是会像甜美的酒浆一样一点一点地慢慢渗入你的生活。伟大和普通的区别在于你是否能够领悟到，如果你怀有壮志和雄心，那么你每天都会努力迈向伟大的目标。

——1931 年 3 月 15 日

**智慧时刻**

　　洛克菲勒能从一个穷小子变成石油界的大亨，离不开"贪心"和雄心。实际上，如果我们想要做成大事，就需要有雄心和一定程度的贪心。如果少了它们，就会像无头的苍蝇一样，只会乱转，根本找不到方向，更谈不上取得成功了。

 **故事在线**

　　洛克菲勒涉足石油行业后，事业发展得十分顺利。但是，洛克菲勒并没有满足，反而越来越贪心，他要掌控的不光是石油，还有石油运输产业。随着社会对铁路改革的呼声越来越高，他与大潮管道公司竞争的措施也越来越有力。为了阻止竞争对手壮大和发展，洛克菲勒在极短的时间内买下了纽约的多家炼油厂，切断其潜在油源。除此之外，他还大大降低了标准石油公司的管道运输成本，结果就是火车运价骤降到历史最低点。面对激烈的价格竞争，大潮管道不得不关闭将近一半的运载能力。

　　就在洛克菲勒全力对付大潮管道公司时，他的竞争对手拜伦·本森却准备铺设输油管道，以便获得高额的回报。

　　在一次偶然的机会中，本森表示愿意与洛克菲勒合作，以便遏制其他竞争对手进入港航业。他认为，现在是两家公司联合行动的良好契机。实际上，洛克菲勒早就有这个想法：停止打价格战，与大潮管道公司合作，提高原油的运输费用。

　　洛克菲勒只用了不到一年的时间就控制了输油管道，但是他的野

心不止于此。1882 年，本森提出想用借款来扩张大潮管道公司，遭到了很多人的反对。洛克菲勒借此机会大量收购股份，让标准石油公司掌控了宾夕法尼亚州大部分（高达 88.5%）的管道运输业务。由此，大潮管道公司失去了独立地位，如果想从宾夕法尼亚州运输原油，就只能依靠洛克菲勒。

　　此时洛克菲勒意识到，铁路运输石油的时代已经终结。过去，为了避免得罪铁路公司，他并没有彻底转型使用管道运输。但是现在，他完全不必顾虑这一点了。标准石油公司已经在宾夕法尼亚州西部建了四条输油管道，分别通往克利夫兰、纽约、费城和布法罗。

通过一系列操作，洛克菲勒成功击败了竞争对手。这次的较量再度证明，与这只能源巨鳄对抗不过是白费力气。

尽管还有一些勇敢的社会改革家在法庭上、议会里与洛克菲勒对抗，但大部分采油商已经不抱希望。他们知道，摆在他们面前的只有两条路，要么退出石油业，要么向这个石油巨头投降。

151

## 有雄心的洛克菲勒

洛克菲勒在20多岁时就已经在商业领域展现出了天赋。在炼油生意大获成功后，他谨慎地审视了市场态势，认为这个行业很有前景，决定全身心投入。但是合伙人克拉克担心风险太高，不想扩大投资，二人因为看法不一致而逐渐走向决裂。拍卖公司产权时，他们都想获得公司的主控权，纷纷喊出高价。当时，洛克菲勒已经决定要投资石油行业，因此不管克拉克喊出什么价格，他都会喊出更高的价格。最终，他用7.25万美元拿下了公司的主控权，将公司更名为洛克菲勒－安德鲁斯公司。同年，他开办了第二家炼油厂，成为克利夫兰最大的炼油企业。次年，他组建了纽约洛克菲勒公司，主营出口。第三年，洛克菲勒与亨利·莫里斯·费拉格勒合伙，公司也改成了洛克菲勒－安德鲁斯－费拉格勒公司。1870年，标准石油公司成立，由洛克菲勒任总裁，他雄心勃勃地说："标准石油公司迟早会吃掉所有的炼油、制桶行业。"之后的两年内，他并购了该地区20多家炼油厂，掌控了该州90%的炼油业、主要的输油管道以及宾夕法尼亚铁路的全部油车。公司成立不到10年，就掌握了全美90%的炼油业。

# 进 步

最近涛涛学习有进步，他很高兴……